NEW
DELF
A1

NEW DELF A1

지은이 김선미 · 원승재 · 오솔잎
감　수 Sébastien Lorquet
펴낸이 임상진
펴낸곳 (주)넥서스

초판　1쇄 발행 2006년 11월　5일
초판 13쇄 발행 2013년　1월　5일

2판　1쇄 발행 2013년　5월 15일
2판 16쇄 발행 2024년　7월 20일

3판　1쇄 인쇄 2025년　2월 25일
3판　1쇄 발행 2025년　3월　5일

출판신고 1992년 4월 3일 제311-2002-2호
주소 10880 경기도 파주시 지목로 5
전화 (02)330-5500 팩스 (02)330-5555
ISBN 979-11-94643-08-1 13760

저자와 출판사의 허락 없이 내용의 일부를
인용하거나 발췌하는 것을 금합니다.
저자와의 협의에 따라서 인지는 붙이지 않습니다.

가격은 뒤표지에 있습니다.
잘못 만들어진 책은 구입처에서 바꾸어 드립니다.

www.nexusbook.com

프랑스어능력인증시험 Diplôme d'Études en Langue Française

기초부터 실전까지 한 권으로 끝내는

NEW DELF

김선미·원승재·오솔잎 지음

Sébastien Lorquet 감수

A1

델프 최장기 베스트셀러
최신 개정판

新유형 완벽 반영 영역별 적중 전략 대공개!

· 실전 TEST 3회분 수록
· 원어민 음원 무료 QR 제공
· 녹음 스크립트 전체 무료 다운로드

음원바로듣기

넥서스

 **머리말**

프랑스어는 유엔, 유럽연합, 국제올림픽위원회(IOC)의 공식 언어로서, 영어와 함께 세계에서 가장 널리 사용되는 언어 중 하나입니다. 또한 글로벌화가 가속화됨에 따라 국제 고용 시장에서의 국가 간 교류가 활발해지면서 프랑스어의 중요성이 더욱 높아지고 있습니다. 이에 프랑스어 능력을 인증하는 대표적인 자격증인 DELF(프랑스어 능력시험)와 DALF(고급 프랑스어 능력시험)가 있습니다. 이 자격증은 프랑스 정부가 주관하는 국가 공인 시험으로 알리앙스 프랑세즈(Alliance Française)에서 시행하며, 유효 기간이나 만료일 없이 지속적으로 인정받는 자격증일 뿐만 아니라 프랑스 유학, 기업 취업 및 대학 입학 시 외국어 가산점을 받을 수 있습니다.

넥서스는 프랑스어 학습자들의 요구에 맞춘 DELF 수험서를 지속적으로 발간해 왔습니다. 2006년 『넥서스 DELF』 A1의 첫 출판을 시작으로 13쇄가 발행되었고, 2013년에 개정판이 발행되어 16쇄까지 출간되었습니다. 2024년부터 NEW DELF가 시행됨에 따라 약 12년 만에 새롭게 바뀐 시험 체제에 맞춘 『NEW DELF』 A1 수험서를 다시 선보일 수 있게 되었습니다. 오랜 시간 동안 넥서스의 델프 시리즈와 함께 해주신 학습자들께 깊은 감사의 말을 전합니다.

이 책은 DELF(Diplôme d'études en langue française) 시험 중 첫 단계인 A1을 준비하는 수험서로, 2024년부터 시행된 NEW DELF 시험 체제에 맞춰 구성하였습니다. 또한 프랑스어를 처음 접하거나 기초가 필요한 학습자들을 위해 각 영역별로 필요한 어휘와 표현

들을 정리하여 수록하였습니다. 더불어 A1 시험을 심도 있게 준비시키고자 객관식 문제 뿐만 아니라 주관식 문제도 난이도별로 나누어 구성하였습니다.

기초부터 실전까지 단계별로 구성된 이 책은 학습자가 스스로 실력을 점검하며 공부할 수 있도록 하였고 특히, 각 영역별로 자신의 실력을 객관적으로 평가해 볼 수 있는 모의 문제와 최신 경향을 반영한 실전 TEST 3회분을 통해 이 책 한 권으로 시험 준비를 완벽하게 끝낼 수 있도록 하였습니다. 또한, 원어민 발음이 담긴 음원을 무료 QR 코드로 제공하여 학습자들이 더욱 편리하게 활용할 수 있도록 하였습니다. 별책으로 제공되는 <정답 및 해석>은 학습자의 이해도를 높이고, 내용과 정답을 보다 쉽게 연결할 수 있도록 했습니다.

프랑스어는 유엔의 공식 언어이자 전 세계에서 널리 사용되는 중요한 언어로, DELF 자격증은 프랑스 교육부에서 발급되는, 국제적으로 통용되는 인증서입니다. 이번에 출간되는 『NEW DELF』 A1이 응시생 여러분들에게 자격증 취득의 기쁨을 안겨 줄 수 있기를 바라며, 이 책을 기꺼이 출간해 주신 넥서스와 바쁜 와중에도 프랑스어 감수 및 수정에 도움을 준 Sébastien Lorquet에게 진심으로 감사의 마음을 전합니다.

김선미, 원승재, 오솔잎

DELF 시험 소개

1. DELF/DALF

1985년 처음으로 시작된 프랑스어 능력인증시험인 DELF와 고급 프랑스어 능력인증시험인 DALF는 1992년과 2005년에 개정되었으며, 2024년도에 A1 과 A2 시험에서 주관식을 제외시킨 NEW DELF로 또 한 번 새롭게 개정되었습니다.

DELF/DALF 자격증은 프랑스 교육부로부터 발급되며, 국제적으로 통용되는 공인 인증 자격증입니다. 유럽 공용 외국어 등급표의 6단계에 따라 A1, A2, B1, B2, C1, C2로 구분되며, DELF는 A1, A2, B1, B2의 4단계로, DALF는 C1, C2의 2단계로 자격증이 주어집니다.

각 단계별 자격증(Diplôme)은 프랑스 DELF 국립위원회에서 교부하고, 한국에서는 1994년 주한 프랑스대사관 소속 어학협력분과 BCLE와 서울 알리앙스 프랑세즈(Alliance Française) 두 기관에서 처음 시험을 실시한 이후 매년 정기적으로 3월, 5월, 11월에 시험을 시행하고 있습니다(B1, B2 단계는 9월 시험 추가). 현재, 서울에서 DELF/DALF 시험은 주한 프랑스대사관 문화과에서 주관하고 있으며, 그 외 부산, 대전, 대구, 광주, 인천 등 지역에서는 알리앙스 프랑세즈에서 시험을 주관합니다.

DELF는 각 단계별로 청취, 독해, 작문, 구술의 4가지 언어 능력을 평가하며, 각 영역별 25점씩 배점하여 총점은 100점입니다. 또한 최소 합격선은 각 영역별 단계에서 5점 이상, 총점 50점 이상의 점수를 취득해야만 합니다. 2024년 부터 A1, A2단계에서 주관식이 제외되는 NEW DELF로 개정됨에 따라, 본서는 NEW DELF의 시험 유형에 맞춰 내용을 구성하였습니다.

새롭게 바뀐 시험의 샘플들은 France Education International 사이트에서 확인할 수 있습니다. 또한 이전 단계의 자격증 취득 없이 원하는 시험에 바로 응시할 수 있으며, 취득하는 모든 자격증은 관련 기관이 인정하는 범위 내에서 평생 유효합니다.

* 본 시험 정보는 www.afcoree.co.kr 참고

2. DELF/DALF의 구성

DELF		DALF	
A1	청취 / 독해 / 작문 / 구술	C1	청취 / 독해 / 작문 / 구술
A2	청취 / 독해 / 작문 / 구술		
B1	청취 / 독해 / 작문 / 구술	C2	청취 및 구술 / 독해 및 작문
B2	청취 / 독해 / 작문 / 구술		

3. DELF/DALF의 단계별 유형과 평가 내용

★ A1

시험 구성	문제 유형	시간	만점(100점)
청취 평가 Compréhension de l'oral	일상생활 속에서 일어나는 상황에 관한 3~4종류의 간략한 녹음 내용을 듣고 문제에 답하기 (청취 횟수: 2번) 녹음 분량: 최대 3분	약 20분	25점
독해 평가 Compréhension des écrits	일상생활 속에서 일어나는 상황에 관한 4~5종류의 지문을 읽고 문제에 답하기	30분	25점
작문 평가 Production écrite	2파트로 구성 - 서식 완성하기 - 일상생활에 관련된 것을 주제로 하는 간단한 문장 작성하기 (엽서, 메시지, 설명문 등)	30분	25점
구술 평가 Production orale	3파트로 구성 - 인터뷰 - 정보 교환 - 시뮬레이션 준비 시간: 10분	약 5분	25점
종합 Total	합격 점수: 50점 이상 / 100점 만점 평가 항목별 최소 점수: 5/25	1시간 40분	총 100점 만점

* 청취, 독해, 작문은 단체 시험이며 토요일에 시행하고 약 1시간 20분 동안 진행된다.
* 구술은 개인 시험이며 일요일에 시행하고 개인별로 약 5분간 진행된다.
　출처: delf-dalf.co.kr

★ A2

시험 구성	문제 유형	시간	만점(100점)
청취 평가 Compréhension de l'oral	일상생활과 관련된 3~4종류의 지문을 듣고 제시된 질문에 답하기 (청취 횟수: 2번) 녹음 분량: 최대 5분	약 25분	25점
독해 평가 Compréhension des écrits	일상생활과 관련된 4~5종류의 지문을 읽고 질문에 답하기	30분	25점
작문 평가 Production écrite	두 가지 형식의 작문 (가까운 사람과의 간략한 편지나 메시지 전달하기) 1. 일정 사건 또는 개인의 경험담 묘사하기 2. 초대, 감사, 사과, 요청, 축하, 통지 등 편지 형식의 글 작성하기	45분	25점
구술 평가 Production orale	세 가지 형식의 구성 1. 인터뷰 (면접관 질문에 답변) 2. 독백 3. 시뮬레이션	6~8분	25점
종합 Total	합격 점수: 50점 이상 / 100점 만점 평가 항목별 최소 점수: 5/25	2시간	총 100점 만점

* 청취, 독해, 작문은 단체 시험이며 약 1시간 40분 동안 진행된다.
* 구술은 개인 시험이며 일요일에 시행하고, 개인별로 6~8분간 진행된다.
  출처: delf-dalf.co.kr

★ B1

시험 구성	문제 유형	시간	만점(100점)
청취 평가 Compréhension de l'oral	세 가지 종류의 지문을 듣고 제시된 질문에 답하기 (청취 횟수: 2번) 녹음 분량: 최대 6분	약 25분	25점
독해 평가 Compréhension des écrits	세 가지 종류의 지문을 읽고 주어진 질문에 답하기 1. 제시된 조건에 맞는 유용한 정보 찾아내기 2. 일반 관심사를 주제로 하는 지문의 내용 분석하기	45분	25점
작문 평가 Production écrite	일반적 주제에 대해 개인적 태도 표명하기 (기사, 서신, 에세이 등)	45분	25점

구술 평가 Production orale	3파트로 구성 1. 인터뷰 (면접관의 질문에 답변) 2. 시뮬레이션 3. 제시된 글을 토대로 개인적 견해 표현 준비 시간: 약 10분	10~14분	25점
종합 Total	합격 점수: 50점 이상 / 100점 만점 평가 항목별 최소 점수: 5/25	2시간 20분	총 100점 만점

* 청취, 독해, 작문은 단체 시험이며 약 1시간 55분 동안 진행된다.
* 구술은 개인 시험이며 일요일에 시행하고 개인별로 10~14분간 진행된다.
  출처: delf-dalf.co.kr

★ B2

시험 구성	문제 유형	시간	만점(100점)
청취 평가 Compréhension de l'oral	두 가지 종류의 지문을 듣고 제시된 질문에 답하기 1. 인터뷰, 정보 제공 등 (청취 횟수: 1번) 2. 발표, 강연, 연설, 다큐멘터리, 라디오 또는 TV 방송 (청취 횟수: 2번) 녹음 분량: 최대 8분	약 30분	25점
독해 평가 Compréhension des écrits	두 가지 종류의 지문을 읽고 제시된 질문에 답하기 1. 프랑스 또는 프랑스권 국가와 관련된 정보 전달 목적의 지문 2. 논설문	1시간	25점
작문 평가 Production écrite	개인 입장 및 견해를 논리적으로 표현하기 (토의, 공식 서신, 비평 기사 등)	1시간	25점
구술 평가 Production orale	간략한 자료를 바탕으로 개인 관점을 개진·옹호하기 준비 시간: 30분	15~20분	25점
종합 Total	합격 점수: 50점 이상 / 100점 만점 평가 항목별 최소 점수: 5/25	3시간 20분	총 100점 만점

* 청취, 독해, 작문은 단체 시험이며 약 2시간 30분 동안 진행된다.
* 구술은 개인 시험이며 일요일에 시행하고 개인별로 15~20분간 진행된다.
  출처: delf-dalf.co.kr

4. DALF의 단계별 유형과 평가 내용

★ C1

시험 구성	문제 유형	시간	만점(100점)
청취 평가 Compréhension de l'oral	여러 종류의 지문을 듣고 제시된 문제 풀기 1. 약 8분의 장문 자료 (인터뷰, 강의, 회의 등) (청취 횟수: 2번) 2. 라디오 방송과 관련된 다양하고 간단한 자료 (속보, 설문 조사, 광고 등) (청취 횟수: 1번) 녹음 분량: 최대 10분	약 40분	25점
독해 평가 Compréhension des écrits	1,500~2,000자 지문(문학 작품, 기사)을 읽고 제시된 질문에 답하기	50분	25점
작문 평가 Production écrite	두 가지 형식의 구성 1. 약 1,000자의 여러 텍스트 종합·분석하기 2. 상기 텍스트들의 내용을 토대로 자신의 견해를 피력하는 글 작성하기	2시간 30분	25점
구술 평가 Production orale	여러 자료를 강독한 뒤, 내용 발표 후 면접관과 토론하기 준비 시간: 1시간	23~30분	25점
종합 Total	합격 점수: 50점 이상 / 100점 만점 평가 항목별 최소 점수: 5/25	5시간 30분	총 100점 만점

* 청취, 독해, 작문은 단체 시험이며 약 4시간 동안 진행된다.
* 구술은 개인 시험이며 일요일에 시행하고 개인별로 23~30분간 진행된다.
　출처: delf-dalf.co.kr

★ C2

시험 구성	문제 유형	시간	만점(100점)
청취 및 구술 평가 Compréhension de l'oral et Production orale	세 가지 형식의 구성 1. 녹음 내용 정리하기 (청취 횟수: 2번) 2. 녹음 내용을 통해 제기된 주장에 대해 논리적으로 개인적 견해 표명하기 3. 면접관과 토론하기	25~30분	50점
독해 및 작문 Compréhension des écrits et production écrite	약 2,000단어의 자료를 읽고 짜임새를 갖춘 글 작성하기 (기사, 사설, 보고서, 연설문 등)	3시간 30분	50점
종합 Total	합격 점수: 50점 이상 / 100점 만점 평가 항목별 최소 점수: 5/25	5시간 30분	총 100점 만점

* 독해, 작문은 단체 시험이며 약 3시간 30분 동안 진행된다.
* 청취와 구술은 개인 시험이며 일요일에 시행하고 개인별로 25~30분간 진행된다.
　출처: delf-dalf.co.kr

5. 처음 도전하는 DELF A1

1) DELF A1 시험 합격 요건

❶ 나 자신과 다른 사람을 소개할 수 있다.
❷ 간단한 공지나 지시사항을 들을 수 있다.
❸ 짧고 간단한 글을 이해할 수 있다.
❹ 이름, 국적, 주소 등을 작성하는 양식을 채울 수 있다.
❺ 간단하고 짧은 엽서를 쓸 수 있다.
❻ 나에 대한 간단한 질문(이름, 국적, 활동 등)에 답할 수 있다.
❼ 누군가에게 간단한 질문을 할 수 있다.
❽ 무언가를 사고 결제할 수 있다.

참조: https://www.france-education-international.fr/document/manuel-candidat-delf-a1

2) 추천 사이트

RFI: http://savoirs.rfi.fr/fr/testez-votre-niveau-de-francais#chapitre-1
TV5 Monde: http://apprendre.tv5monde.com/fr/apprendre-francais/accueil-tcf

3) 시험 접수 절차

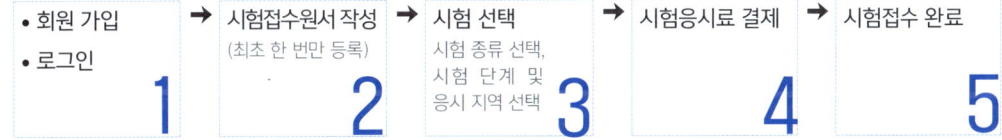

시험 접수 후 응시료 결제가 확인되어야 최종 접수 처리됩니다. 본인의 최종 접수 여부를 반드시 확인하시기 바랍니다.
결제 및 접수 내역은 마이페이지의 시험접수관리에서 확인할 수 있습니다.
참조: https://www.delf-dalf.co.kr/ko/

회원 가입 후 응시하고자 하는 시험 단계에 등록하고 응시료 및 날짜를 확인합니다.
접수할 때 증명사진과 영문 주소가 필요하며, 국가 표현 항목에서 Sud coréen으로 선택합니다.
필요 시 거주지에서 가장 가까운 시험 센터에 문의하고, 등록 후 시험 장소, 날짜, 시간을 포함한 시험 안내문을 받습니다.
토요일은 단체 시험(청취 평가, 독해 평가, 작문 평가)이며 일요일은 개인 시험(구술 평가)을 시행합니다.

4) 2025년 기준 각 단계별 시험 응시료 (성인 A1 단계: 15만원)

	A1.1	A1	A2	B1	B2	C1	C2
DELF PRIM	90,000원	135,000원	153,000원	-	-	-	-
DELF JUNIOR	-	135,000원	153,000원	234,000원	256,000원	-	-
DELF DALF TOUT PUBLIC	-	150,000원	170,000원	260,000원	285,000원	330,000원	350,000원

참조: https://www.delf-dalf.co.kr/ko/

5) 시험 센터

서울 1
주한 프랑스대사관 어학센터
서울특별시 종로구 삼봉로 94, 94빌딩 4층
TEL: +82 070-4012-4756
월-목: 10-12시, 14-17시; 금: 10-12시, 14-16시
https://kr.ambafrance-culture.org

부산 2
부산 알리앙스 프랑세스
부산광역시 동래구 충원대로 311
TEL: +82 051-465-0306
https://www.afbusan.co.kr

대전 3
대전 알리앙스 프랑세스
대전광역시 서구 계룡로 650
TEL: +82 042-532-5254
https://www.afdaejeon.co.kr

대구 4
대구 알리앙스 프랑세스
대구광역시 중구 약령길 28
TEL: +82 053-255-7917
https://www.afdaegu.co.kr

광주 5
광주 알리앙스 프랑세스
광주광역시 북구 경열로 217
TEL: +82 062-527-2500
https://www.afgwangju.co.kr

인천 6
인천 알리앙스 프랑세스
인천광역시 미추홀구 주안로 51
TEL: +82 032-873-5556
https://www.afincheon.co.kr

참조: https://www.delf-dalf.co.kr/ko/

6) 시험 결과 및 자격증

- 결과: 시험 결과는 시험일로부터 5~6주 후에 발표되며, 홈페이지 로그인 후 마이페이지에서 확인할 수 있습니다. 결과 발표 일정은 홈페이지 공지사항에 공지됩니다.
- 합격증: 합격증은 시험일로부터 약 8주 후 응시자가 시험에 응시한 시험 센터를 통해서 발급받을 수 있으며, 결과 발표일로부터 1년 이내 수령할 수 있습니다. 합격증 발급 일정은 홈페이지 공지사항에 공지됩니다.
   주의사항! 시험을 응시한 지역의 센터에서 합격증을 보관하고 있는 기간은 합격증 배부일로부터 1년이고, 1년이 지나면 합격증은 보안 폐기됩니다.

- 자격증: 자격증은 프랑스의 France Education International에서 발급되어 한국으로 발송되며, 결과 발표일로부터 약 7개월 후 응시자가 시험에 응시한 시험 센터를 방문하여 수령할 수 있으며, 결과 발표일로부터 5년 이내 수령할 수 있습니다. 자격증 발급 일정은 홈페이지 공지사항에 공지됩니다.
  주의사항! 시험을 응시한 지역의 센터에서 프랑스로부터 배부받은 자격증을 보관하고 있는 기간은 자격증 배부일로부터 5년이고, 5년이 지나면 자격증은 보안 폐기됩니다.
  참조: https://www.delf-dalf.co.kr/ko/

6. DELF 단체 시험: 코드와 익명성 보장 시스템

1) 청취, 독해, 작문 단체 시험

❶ 시험 시작 30분 전에 시험 장소에 도착합니다.
❷ 수험표에 적힌 사항을 준수합니다.
❸ 검정색 또는 파란색 볼펜 (지워지는 필기구 사용 불가), 수정 테이프를 지참해야 합니다. 신분증은 주민등록증, 여권, 운전면허증 실물(휴대폰 저장 불가)을 지참해야 하며, 그 외 신분증은 불가합니다. 단, 신분증 분실 시 주민등록 발급 신청서로 대체 가능합니다.
❹ 자신의 이름의 철자를 확인하고 시험지 서명란에 서명합니다.
❺ 감독관이 시험 절차를 설명하고 시험 주제를 고지하면 시험지의 첫 페이지를 작성합니다.

Code candidat ❻: ☐☐☐☐☐ — ☐☐☐☐☐

Nom ❼: _____   Prénom ❼: _____

❻ Code candidat: 시험 소집 통지서에 적힌 응시자 코드(수험번호)를 한 글자씩 박스에 옮겨 적습니다.
  주의사항! DELF 시험 문제를 복사하거나 사진을 찍거나 재사용하는 것은 금지되어 있으며, 이에 대한 제재가 가해질 수 있습니다.
❼ Nom. 성 / Prénom: 이름을 작성합니다. (해당 정보는 숨겨지며 채점자는 응시자의 신원을 알 수 없습니다.)
  참조: https://www.france-education-international.fr/document/manuel-candidat-delf-a1

2) 유의사항

❶ 다른 응시자와 대화하는 것은 금지됩니다.
❷ 사전 사용은 금지됩니다. (단, C1은 개인별 구술 평가 시험 준비 시간 동안, C2는 작문 시험 및 개인별 구술 평가 시험 준비 시간 동안에 교실 내에 준비된 불불 종이사전을 참고할 수 있습니다.)
❸ 휴대전화는 전원을 반드시 꺼 놓아야 합니다.
  참조: https://www.france-education-international.fr/document/manuel-candidat-delf-a1

이 책의 구성과 특징

책의 구성

DELF A1은 총 4개의 영역(청취, 독해, 작문, 구술)을 평가하는 시험입니다.

따라서 본서는 영역별 시험 유형을 미리 파악해 보기 위한 문제 풀이 제공뿐만 아니라 시험과 관련된 학습을 단계별로 미리 준비할 수 있도록 구성하였습니다.

각 영역을 4개의 SECTION으로 나눠, 각 SECTION의 도입부에서 그 영역의 평가 목적이 무엇인지, 시험은 어떻게 이루어지며 무엇을 주의해야 하는지, 평소 어떤 내용을 중점적으로 학습해야 하는지 등 그 영역을 전반적으로 이해할 수 있도록 하였습니다.

이어서 각 영역은 출제 유형에 맞춘 3개의 Partie로 구분하였으며, 기초문제와 예시문제, 모의문제를 주어 바로 자신의 실력을 체크할 수 있도록 하였습니다.

또한 기출문제와 가장 유사한 실전 TEST 3회분을 제공하였을 뿐만 아니라 각 Partie의 해답을 해석과 함께 제공하여 학습 효과를 더욱 높였습니다.

책의 특징

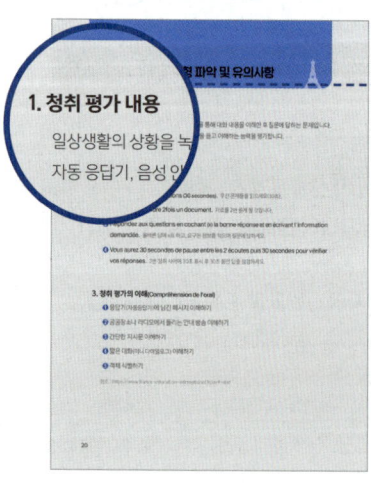

1 기본 학습 내용

시험 준비와 프랑스어에서 꼭 알아야 할 내용들을 일목요연하게 정리하였습니다.

2 음원 제공

청취와 구술 영역에서는 문제뿐만 아니라 관련 단어와 표현까지 원어민이 녹음한 음원을 QR과 홈페이지에서 제공합니다.

3 Note
추가로 알아두면 도움이 되는 내용들을 정리하였습니다.

4 기초문제와 예시문제
시험과 유사한 형식으로 문제를 풀어볼 수 있습니다.

5 연습문제
각 항목이 끝날 때마다 간단하게 실력을 체크할 수 있습니다.

6 모의문제
실제 시험 문제와 유사한 모의문제를 풀어볼 수 있습니다.

7 필수 단어장
기초문제에서 꼭 필요한 단어와 표현을 별도로 정리하였습니다.

8 실전 TEST
실제 시험과 유사한 TEST 3회분을 제공하여, 시험 난이도와 시간 배분을 체크해 볼 수 있도록 하였습니다.

9 정답 및 해석
한눈에 볼수 있도록 정답과 해석을 깔끔하게 정리하였습니다.

 목차

머리말 **004**
DELF 시험 소개 **006**
이 책의 구성과 특징 **014**

SECTION 1   청취 평가 Compréhension de l'oral

Partie 1 : Comprendre un message 메시지 이해   **022**
- 숫자, 시간, 월/요일, 나이, 가격
    기초문제 031 | 모의문제 033

Partie 2 : Comprendre une annonce 광고 이해   **036**
- 날씨/계절, 위치/길 찾기, 장소/대중교통
    기초문제 042 | 모의문제 044

Partie 3 : Comprendre une conversation 대화 이해   **048**
- 색깔, 요금, 직업, 과목, 디저트/빵/음료
    기초문제 054 | 모의문제 056

SECTION 2   독해 평가 Compréhension des écrits

Partie 1 : Comprendre des instructions 지침서 이해   **064**
- 빈도, 프로그램/시간표
    기초문제 068 | 모의문제 070

Partie 2 : Comprendre des informations 정보 이해   **076**
- 장소/주소, 광고, 안내
    기초문제 082 | 모의문제 084

Partie 3 : Comprendre une correspondance 서신 이해   **090**
- 편지/이메일, 예약
    기초문제 094 | 모의문제 096

SECTION 3   작문 평가 Production écrite

Partie 1: Donner des informations 정보 주기   106
- 서식, 카드 작성
  기초문제 110 I 모의문제 112

Partie 2: Inviter quelqu'un 특정 사람 초대하기   115
- 초대, 승낙/거절
  기초문제 118 I 모의문제 121

Partie 3: Parler des loisirs 여가 생활 말하기   123
- 여행, 바캉스
  기초문제 128 I 모의문제 130

SECTION 4   구술 평가 Production orale

Partie 1-1: Entretien dirigé 시험관 질문에 대답하기   136
- 자기 소개, 타인 소개
  예시문제 141 I 모의문제 143

Partie 1-2: Entretien dirigé 시험관 질문에 대답하기   145
- 하루 일과, 다양한 활동과 여가 생활
  예시문제 150 I 모의문제 154

Partie 2: Échange d'informations 주어진 단어로 질문하기   156
- 단어 카드
  예시문제 161 I 모의문제 163

Partie 3: Dialogue simulé 시뮬레이션 대화   165
- **시뮬레이션 대화 1**   물건 사기   예시문제 168 I 모의문제 171
- **시뮬레이션 대화 2**   예약하기   예시문제 176 I 모의문제 178
- **시뮬레이션 대화 3**   주문하기   예시문제 182 I 모의문제 184
- **시뮬레이션 대화 4**   초대 및 등록하기   예시문제 188 I 모의문제 190
- **시뮬레이션 대화 5**   바캉스 보내기   예시문제 194 I 모의문제 196

실전 TEST 1 / TEST 2 / TEST 3

- 정답 및 해석

DELF

*Diplôme
d'Études en
Langue Française*

SECTION 1
청취 평가
Compréhension de l'oral

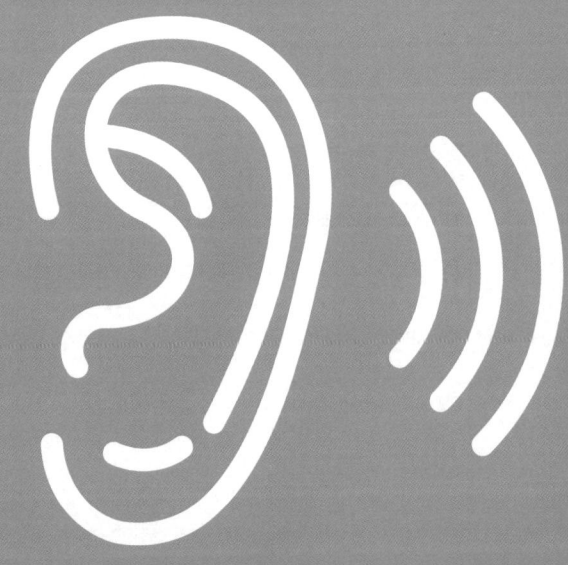

청취 유형 파악 및 유의사항

1. 청취 평가 내용

일상생활의 상황을 녹음한 3-4개의 음원을 통해 대화 내용을 이해한 후 질문에 답하는 형식입니다. 자동 응답기, 음성 안내문, 상황별 대화 등을 듣고 이해하는 능력을 평가합니다.

2. 청취 평가 진행 방법

약 20분 / 25점 만점

❶ Lisez d'abord les questions (30 secondes). 먼저 문제를 읽어 보세요(30초).

❷ Vous allez entendre 2 fois un document. 자료를 2번 듣게 될 것입니다.

❸ Répondez aux questions en cochant (x) la bonne réponse. 올바른 답에 (x)표 하고, 질문에 답해 보세요.

❹ Vous aurez 30 secondes de pause entre les 2 écoutes puis 30 secondes pour vérifier vos réponses. 2번의 듣기 사이에 30초의 멈춤이 있으며, 이후 30초 동안 답안을 확인할 수 있는 시간이 주어집니다.

3. 청취 평가의 이해

❶ 응답기(자동응답기)에 남긴 메시지 이해하기

❷ 공공장소나 라디오에서 들리는 안내 방송 이해하기

❸ 간단한 지시문 이해하기

❹ 짧은 대화(미니 다이얼로그) 이해하기

❺ 객체 식별하기

참조: https://www.france-education-international.fr/document/manuel-candidat-delf-a1

4. 청취 평가 시험 시 유의사항

청취 시험 진행 방식을 숙지하는 것이 무엇보다 중요합니다.

❶ 일반 문제: 30초 동안 문제를 먼저 읽은 후 첫 번째 들려주는 음성을 들으며 문제를 풉니다. 첫 번째 듣기 후 30초의 시간이 주어지는데 이때 답을 적습니다. 다시 2번째로 들려주는 음성을 듣고 나서 30초 동안 답을 확인합니다.

❷ 그림 문제: 30초 동안 문제를 먼저 읽은 후 첫 번째 들려주는 음성을 들으며 문제를 풉니다. 이때 음성에서는 몇 가지의 상황이 나오는데 각 상황이 끝날 때마다 15초의 시간이 주어집니다. 이때 답을 적고, 다시 2번째로 들려주는 음성을 듣고 나서 답을 확인합니다.

5. 청취 평가의 학습 목표

❶ 숫자, 시간, 월/요일, 나이, 가격과 관련된 표현 및 어휘를 숙지할 수 있습니다.

❷ 날씨/계절, 위치/길 찾기, 장소/대중교통과 관련된 표현 및 어휘를 숙지할 수 있습니다.

❸ 색깔, 요금, 직업, 과목, 디저트/빵/음료와 관련된 표현 및 어휘를 숙지할 수 있습니다.

Partie 1 | **Comprendre un message** 메시지 이해

1 숫자 Chiffres et nombres

숫자는 기수와 서수로 나누어진다. 시험에는 명사의 정확한 수를 나타내는 기수가 자주 출제된다. (1은 뒤에 오는 명사의 성에 따라 un(남성)과 une(여성)으로 구분한다.)

🎧 기수

L-01

1	un(une)	18	dix-huit
2	deux	19	dix-neuf
3	trois	20	vingt
4	quatre	21	vingt et un
5	cinq	22	vingt-deux
6	six	23	vingt-trois
7	sept	…	…
8	huit	30	trente
9	neuf	31	trente et un
10	dix	32	trente-deux
11	onze	33	trente-trois
12	douze	…	…
13	treize	40	quarante
14	quatorze	41	quarante et un
15	quinze	42	quarante-deux
16	seize	43	quarante-trois
17	dix-sept	…	…

50	cinquante	80	quatre-vingts
51	cinquante et un	81	quatre-vingt-un
52	cinquante-deux	82	quatre-vingt-deux
53	cinquante-trois	83	quatre-vingt-trois
…	…	…	…
60	soixante	90	quatre-vingt-dix
61	soixante et un	91	quatre-vingt-onze
62	soixante-deux	92	quatre-vingt-douze
63	soixante-trois	93	quatre-vingt-treize
…	…	…	…
70	soixante-dix	100	cent
71	soixante et onze	1000	mille
72	soixante-douze		
73	soixante-treize		

Note

❶ et를 사용하지 않는 숫자: 81, 91, 101

❷ 항상 단수로만 쓰이는 숫자: mille

   ex deux mille 2000

❸ combien de + 무관사 명사: 얼만큼의 ~, 몇 개의 ~

명사를 셀 수 있으면 명사 뒤에 –s를 붙이고, 셀 수 없으면 붙이지 않는다.

   ex Combien d'enfants avez-vous ? 당신은 몇 명의 자녀가 있습니까?

서수

1er, 1ère	premier(première)
2^e	deuxième, second(e)
3^e	troisième
4^e	quatrième
5^e	cinquième
6^e	sixième
7^e	septième
8^e	huitième
9^e	neuvième
10^e	dixième

Note

❶ 서수는 기수에 –ième를 붙여 만든다.

  예외 premier(première)와 second(e)

❷ 매월 첫째 날(1월 1일, 2월 1일, 3월 1일…)은 항상 서수를 사용한다.

  ex le 1er janvier 1월 1일

Exercice

다음 원어민 음성을 듣고 숫자를 써 보세요.

1 _____

2 _____

3 _____

4 _____

❷ 시간 Heure

> Q: Quelle heure est-il ? / Vous avez l'heure ? / Tu as l'heure ? 몇 시입니까?
> A: Il est + (시간) (몇 시)입니다.

30분	demi	six heures et demie 6시 30분 dans une demi-heure 30분 후
15분	quart	dans un quart d'heure 15분 후 dans trois quarts d'heure 45분 후
~전	moins	dix heures moins cinq 9시 55분 또는 10시 5분 전 moins le quart 15분 전

	sept heures. 7시입니다.
	sept heures et demie. = sept heures trente. 7시 30분입니다.
Il est	sept heures et quart. = sept heures quinze. 7시 15분입니다.
	sept heures moins cinq. 7시 5분 전입니다.
	sept heures moins le quart. 7시 15분 전입니다.
	midi. 낮 12시입니다.
	minuit. 밤 12시입니다.

📝 Note

❶ 시간 관련 표현

~부터 ~까지	de ~ à ~
~ 이래로	depuis
~부터	à partir de
~까지	jusqu'à
~ 예정으로	pour
~ 이후에	après + 숫자
~ 전에	avant
~ 동안	pendant
~경에	vers

❷ 추가 표현

몇 분 후에	dans quelques minutes
즉각적으로	immédiatement
잠시 후에	dans quelques instants
지체 없이, 바로	tout de suite

Exercice

L-05

다음 원어민 음성을 듣고 시간을 써 보세요.

1 _____

2 _____

3 _____

4 _____

❸ 월/요일 Mois/Jour

L-06

Q: Quelle est la date d'aujourd'hui ? 오늘은 며칠입니까?

A: Nous sommes le samedi 25 octobre 2025. 오늘은 2025년 10월 25일 토요일입니다.

📌 월 mois

1월	2월	3월	4월	5월	6월
janvier	février	mars	avril	mai	juin
7월	8월	9월	10월	11월	12월
juillet	août	septembre	octobre	novembre	décembre

요일 jours

월요일	화요일	수요일	목요일	금요일	토요일	일요일
lundi	mardi	mercredi	jeudi	vendredi	samedi	dimanche

Note

❶ 월과 요일은 소문자를 사용한다.

❷ en + mois (달)
   ex Nous sommes en janvier. 1월이다.
   en + année (연도)
   ex Je suis né(e) en 2000. 나는 2000년에 태어났다.

❸ 날짜와 연도를 적을 때는 '날짜 + 월 + 연도' 순으로 적는다.
   날짜 앞에는 정관사 le를 붙이며, 매달 1일은 '1er'로 쓰고 'premier'로 읽는다.
   ex 1er mai 2025 (01/05/2025): le premier mai deux mille vingt-cinq

Exercice

L-07

다음 원어민 음성을 듣고 날짜와 연도를 써 보세요.

1 _____

2 _____

3 _____

4 _____

 **나이** Âge

🎧 L-08

> Q: **Quel âge as-tu ? / Quel âge avez-vous ?** 몇 살이니? / 몇 살입니까?
>
> A: **J'ai vingt et un ans.** 21살입니다.

 Note

나이는 의문사 'quel'을 사용하여 묻고 동사 'avoir'를 사용하여 대답한다.

Exercice

🎧 L-09

다음 원어민 음성을 듣고 나이를 써 보세요.

1 _____

2 _____

3 _____

4 _____

❺ 가격 Prix

🎧 L-10

> Q: Combien ça coûte ? / Ça coûte combien ? / Quel est le prix ? 얼마입니까?
>
> A: Ça coûte trois euros. 3유로입니다.

🔊 유로 화폐 종류

지폐 billets

| 500 € | 200 € | 100 € | 50 € |
| 20 € | 10 € | 5 € | |

동전 pièces

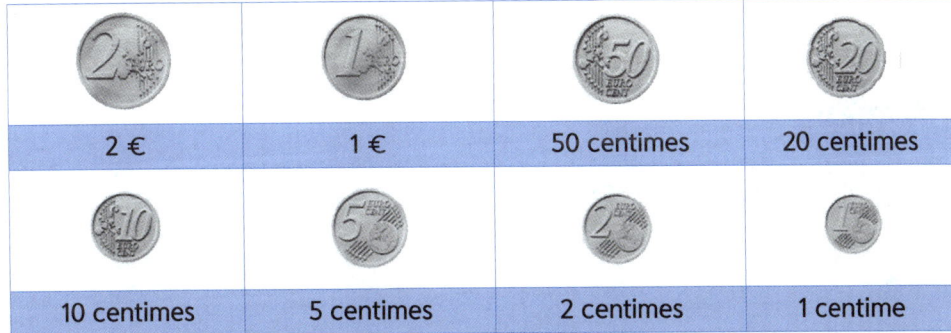

| 2 € | 1 € | 50 centimes | 20 centimes |
| 10 centimes | 5 centimes | 2 centimes | 1 centime |

수표 chèque   **신용카드** carte de crédit (carte bleue)

> **Note**

❶ espèces: 현금

　　euro(€) 유로 > centime 상팀(유로의 하위 단위)

　　ex 10,60 € = dix euros et soixante centimes = dix euros soixante

❷ 유로 화폐는 7개의 지폐(500 euros, 200 euros, 100 euros, 50 euros, 20 euros, 10 euros, 5 euros(€))가 있다.

❸ 유로 화폐는 8개의 동전(2 euros, 1 euro, 50 centimes, 20 centimes, 10 centimes, 5 centimes, 2 centimes, 1 centime)이 있다.

Exercice

🎧 L-11

다음 원어민 음성을 듣고 가격을 써 보세요.

1 _____

2 _____

3 _____

4 _____

기초문제

다음 원어민 음성을 듣고 [   ]를 채워 보세요.   🎧 L-12

❶ 숫자 Chiffres et nombres

1 Téléphonez-moi au [   ].

2 Appelez-moi au [   ].

3 Rappelle-moi au [   ].

4 Il faut composer le [   ].

❷ 시간 Heure

1 Quelle heure est-il ? Il est [   ] h [   ].

2 Vous avez l'heure ? Il est [   ] h [   ].

3 Tu as l'heure ? Il est [   ] h [   ].

4 Le magasin est ouvert de [   ] h à [   ] h.

❸ 월/요일 Mois/Jour

1 Le festival est du [   ] au [   ] juin.

2 Nous sommes [   ].

3 Nous sommes en [   ].

4 Nous sommes le [   ] [   ].

❹ 나이 Âge

1 J'ai [   ] ans.

2 Elle a deux sœurs de [   ] et [   ] ans.

3 Un homme de [   ] ans et une femme de [   ] ans.

4 Entrée gratuite pour les enfants de moins de [   ] ans.

❺ 가격 Prix

1 [   ] euros s'il vous plaît.

2 La place coûte [   ] euros.

3 L'entrée coûte [   ] euros [   ].

4 Le menu est à [   ] euros.

📝 Vocabulaire

appeler 호출하다, 전화하다
Il faut + 동사원형 ~해야만 한다
magasin (m) 가게

rappeler 다시 전화하다
composer 누르다
gratuit 무료의

# 모의문제

🔍 유형 미리 보기 🎧 L-13

Vous allez entendre 2 fois un document. Vous avez 30 secondes de pause entre les 2 écoutes puis 30 secondes pour vérifier vos réponses. Lisez d'abord les questions. 여러분은 자료를 2번 듣습니다. 중간에 30초 멈춘 후 다시 2번째 듣기를 실시하고 30초 동안 답을 확인할 수 있습니다. 우선 문제를 읽어 보세요.

> **Mesdames et Messieurs, le train 520 à destination de Toulouse va partir quai 4. Attention à la fermeture des portes.**
>
> 신사 숙녀 여러분. 뚤루즈행 520번 기차가 4번 홈에서 출발합니다.
> 문이 닫히니 주의하세요.

(pause de 30 secondes) (30초 멈춤)

> **Deuxième écoute** 2번째 듣기

Répondez aux questions. 질문에 답해 보세요.

1. Ce message s'adresse aux passagers du train … 이 메시지는 …기차의 승객들에게 전달됩니다.

- ☐ 502.
- ☒ 520.
- ☐ 512.

2. De quel quai part le train ? 기차는 어떤 플랫폼에서 출발합니까?

- ☐ 40
- ☐ 14
- ☒ 4

 **Exercice 1** 🎧 L-14

Vous allez entendre 2 fois un document. Il y a 30 secondes de pause entre les écoutes puis vous avez 30 secondes pour vérifier vos réponses. Lisez les questions.

Répondez aux questions.

1 Ce message ...

☐ annonce le retard d'un train.

☐ annonce le départ d'un train.

☐ annonce l'annulation d'un train.

2 Le prochain train est à ...

☐ 10 h 15.

☐ 11 h 30.

☐ 11 h.

 **Exercice 2** 🎧 L-15

Vous allez entendre 2 fois un document. Il y a 30 secondes de pause entre les écoutes puis vous avez 30 secondes pour vérifier vos réponses. Lisez les questions.

Répondez aux questions.

1 À quelle heure y a-t-il une séance ?

☐ À 20 heures

☐ À 21 heures

☐ À 22 heures

2 Il y a une séance tous les soirs.

- [ ] Vrai
- [ ] Faux
- [ ] On ne sait pas.

Exercice 3 L-16

Vous allez entendre 2 fois un document. Il y a 30 secondes de pause entre les écoutes puis vous avez 30 secondes pour vérifier vos réponses. Lisez les questions.

Répondez aux questions.

1 Ce message s'adresse aux passagers du vol …

- [ ] AF 950.
- [ ] AF 905.
- [ ] AF 915.

2 L'avion va …

- [ ] décoller tout de suite.
- [ ] arriver tout de suite.
- [ ] rester tout de suite.

Partie 2 | Comprendre une annonce 광고 이해

① 날씨/계절 Temps/Saison

 L-17

> Q: Quel temps fait-il ? 날씨가 어때요?
> A: Il fait + (날씨) 형용사 / Il y a + (날씨) 명사 / Il + 비인칭 동사. 날씨가 ~입니다.

🗨 날씨 temps

태양	비	눈	바람	소나기	구름	안개
soleil (m)	pluie (f)	neige (f)	vent (m)	averse (f)	nuage (m)	brouillard (m)

추운	더운	좋은	나쁜	선선한	비가 오다	눈이 오다
froid (a)	chaud (a)	beau (a)	mauvais (a)	frais (a)	pleuvoir (v)	neiger (v)

Il	fait	chaud. 날씨가 덥다.
		froid. 날씨가 춥다.
		beau. 날씨가 좋다.
		mauvais. 날씨가 나쁘다.
		28 degrés. 28도이다.
	y a	du vent. 바람이 분다.
		de la pluie. 비가 내린다.
		de la neige. 눈이 내린다.
	pleut. 비가 내린다.	
	neige. 눈이 내린다.	

계절 saison

봄	printemps (m)	봄에	au printemps
여름	été (m)	여름에	en été
가을	automne (m)	가을에	en automne
겨울	hiver (m)	겨울에	en hiver

Note

❶ Il은 날씨를 나타내는 비인칭 주어이다. fait 는 faire를 원형으로 하며, 날씨를 나타내는 비인칭 동사이다.

❷ soleil는 정관사 le를 쓰면 '태양'으로 쓰이고, 부분 관사 du를 쓰면 '햇빛'으로 쓰인다.

❸ 계절명은 모두 남성명사이며, 정관사 le를 붙인다.

❹ 계절명을 표현할 때, 봄은 전치사 au를 쓰며 나머지 계절은 en을 쓴다.

Exercice

L-18

다음 원어민 음성을 듣고 해석해 보세요.

1. _____

2. _____

3. _____

4. _____

② 위치/길 찾기 Position/Trouver son chemin

> Q: Où se trouve la banque ? 은행은 어디에 (위치해) 있어요?
> A: Vous devez tourner à droite. 오른쪽으로 도세요.

📖 위치 position

위에	sur	사이에	entre
아래에	sous	옆에	à côté de
안에	dans	가까이에	près de
앞에	devant	멀리	loin de
뒤에	derrière	왼쪽에	à gauche
정면에	en face de	오른쪽에	à droite

📖 길 찾기 trouver son chemin

똑바로 가다	aller tout droit
계속 가다	continuer tout droit
우회전하다	tourner à droite
좌회전하다	tourner à gauche
광장을 횡단하다	traverser la place
길로 들어서다	prendre la rue
길을 지나쳐 가다	passer la rue
사거리까지 가다	aller jusqu'au carrefour

✏️ Note

❶ 'se trouver'는 '위치하다'라는 의미를 가지며, 특정 장소나 사물의 위치를 설명할 때 사용된다. 'Où est/sont + 명사 ?'는 단순히 어떤 것이 어디에 있는지를 묻는 일반적인 질문 표현이다. 두 표현은 의미적으로 유사한 맥락에서 쓰이지만, 'se trouver'는 보다 문어적인 표현으로 특정한 위치를 강조할 때 적합하며, 'Où est/sont'는 일상 회화에서 더 자연스럽게 사용된다.

    ex Où se trouve la banque ? 은행은 어디에 위치해 있어요?
        Où est le chat ? 고양이는 어디에 있어요?

❷ '~ 있다'라는 뜻으로 'Il y a' 구문을 쓴다. (Il이 주어이고 y a가 동사이다.) 주어와 동사를 도치하는 의문문으로 쓸 때는 모음 충돌을 피하기 위해 –t– 를 삽입한다.

> ex Y a-t-il une station de métro près d'ici ? 이 근처에 지하철 역이 있습니까?

Exercice

🎧 L-20

다음 원어민 음성을 듣고 해석해 보세요.

1 _____

2 _____

3 _____

4 _____

❸ 장소/대중교통 Lieu/Transports en commun

🎧 L-21

Q: **Comment allez-vous à l'école ?** 학교에 어떻게 가요?

A: **J'y vais à pied.** 걸어서 가요.

📘 장소 lieu

기차역	gare (f)	시장	marché (m)
상점	magasin (m)	우체국	poste (f)
서점	librairie (f)	옷가게	magasin de vêtements (m)

레스토랑	restaurant (m)	은행	banque (f)
약국	pharmacie (f)	병원	hôpital (m)
호텔	hôtel (m)	도서관	bibliothèque (f)
빵집	boulangerie (f)	관광 안내소	office de tourisme (m)
학교	école (f)	주차장	parking (m)
커피숍	café (m)	영화관	cinéma (m)
슈퍼마켓	supermarché (m)	버스 정류장	arrêt de bus (m)

에펠탑	Tour Eiffel (f)
개선문	Arc de Triomphe (m)
루브르 박물관	Musée du Louvre (m)
오르세 미술관	Musée d'Orsay (m)
샹젤리제	Champs-Élysées (m)(pl)
노트르담 대성당	Notre-Dame de Paris (관사 없이 사용)
센 강 유람선	Bateaux mouches sur la Seine (m)(pl)
베르사유 궁전	Château de Versailles (m)

대중교통 transports en commun

en + 비를 피할 수 있는 교통수단	비행기로	en avion
	지하철로	en métro
	자동차로	en voiture
	전차로	en tramway
	택시로	en taxi
	기차로	en train
	배로	en bateau
à + 비를 피할 수 없는 교통수단	걸어서	à pied
	자전거로	à (en) vélo= à bicyclette

Note

❶ prendre la rue는 '길로 접어들다'라는 표현이고, prendre + 교통수단은 '~을 타다'의 의미로 사용된다.

❷ 교통수단 안에 신체가 들어갈 수 있으면 전치사 en을 쓰고, 신체가 드러나면 à를 쓴다. 단, vélo는 두 가지 전치사 모두 쓸 수 있다.

Exercice

🎧 L-22

다음 원어민 음성을 듣고 해석해 보세요.

1 _____

2 _____

3 _____

4 _____

 **기초문제**

다음 원어민 음성을 듣고 [　] 안에 해당하는 단어를 써 보세요.　　🎧 L-23

❶ 날씨/계절 Temps/Saison

1 Il y a du [　　　].

2 Il y a des [　　　] dans le ciel.

3 Il fait [　　　] en [　　　].

4 Il ne [　　　] pas beaucoup.

❷ 위치/길 찾기 Position/Trouver son chemin

1 Vous prenez la [　　　][　　　].

2 Il y a un chien [　　　] la table.

3 Vous m'attendez [　　　] le cinéma.

4 Il y a un chat [　　　] le panier.

❸ 장소/대중교통 Lieu/Transports en commun

1 Il y a [   ] dans le quartier.

2 Y a-t-il [   ] [   ] ici ?

3 Je vais [   ] [   ].

4 Ça prend environ 6 heures [   ].

Vocabulaire

ciel (m) 하늘
fenêtre (f) 창문
ici 여기
livre (m) 책
quartier (m) 구역
environ ~약

모의문제

🔍 유형 미리 보기 🎧 L-24

Vous allez entendre cinq petits dialogues correspondant à des situations différentes. Vous aurez 15 secondes de pause après chaque dialogue. Puis vous allez entendre à nouveau les dialogues. Associez chaque dialogue à une image. 당신은 서로 다른 상황의 짧은 대화 5개를 들을 것입니다. 각 대화를 들은 후 15초간 멈춤이 있습니다. 그리고 다시 한 번 녹음을 들을 것입니다. 각 상황과 그림을 연결해 보세요.

Attention: il y a 5 images mais seulement 4 dialogues. 주의하세요: 5개의 이미지가 있지만 대화문은 단 4개뿐입니다.

Situation n° __2__

Situation n° __4__

Situation n° __1__

Situation n° __X__

Situation n° __3__

Situation 1

A: Il y a de jolis nuages dans le ciel !
하늘에 구름이 있네!

B: Il fait beau.
날씨가 좋네요.

Situation 2

A: Je suis perdu ! Où se trouve la station de métro ?
길을 잃었어요! 지하철 역이 어디에 있어요?

B: Tournez à gauche !
왼쪽으로 도세요!

Situation 3

A: Est-ce que tu vas voir le docteur ?
너는 의사 선생님을 보러 갈 거니?

B: Oui, j'ai mal à la tête et j'ai beaucoup de fièvre !
응, 나는 머리가 아프고 열이 심하게 나!

Situation 4

A: Il neige !
눈이 온다!

B: Faisons un bonhomme de neige !
눈사람을 만들자!

(pause de 15 secondes) (15초 멈춤)

Deuxième écoute 2번째 듣기

 **Exercice 1** 🎧 L-25

Vous allez entendre 2 fois un document. Il y a 30 secondes de pause entre les écoutes puis vous avez 30 secondes pour vérifier vos réponses. Lisez les questions.

Répondez aux questions.

1 Quel endroit allez-vous visiter ?

☐ a ☐ b ☐ c

2 Quelle ligne de métro faut-il prendre ?

☐ Ligne 4 ☐ Ligne 6 ☐ Ligne 14

 **Exercice 2** 🎧 L-26

Vous allez entendre 2 fois un document. Il y a 30 secondes de pause entre les écoutes puis vous avez 30 secondes pour vérifier vos réponses. Lisez les questions.

Répondez aux questions.

1 Où est le parc ?

☐ En face de la maison

☐ Derrière la maison

☐ Devant la maison

2 Où faites-vous un pique-nique ?

   ☐ Dans la maison
   ☐ Dans la forêt
   ☐ Dans le parc

Exercice 3 🎧 L-27

Vous allez entendre 2 fois un document. Il y a 30 secondes de pause entre les écoutes puis vous avez 30 secondes pour vérifier vos réponses. Lisez les questions.

Répondez aux questions.

1 Où est-ce que vous entendez cette annonce ?

   ☐ À la bibliothèque
   ☐ Dans un magasin
   ☐ À l'hôpital

2 Quel endroit va fermer ?

   ☐ a   ☐ b   ☐ c

3 Quel moyen de transport devez-vous utiliser ?

   ☐ Les transports en commun
   ☐ La voiture
   ☐ On ne sait pas

Partie 3 | Comprendre une conversation 대화 이해

① 색깔 Couleur

🎧 L-28

> **Q:** Quelle couleur aimez-vous ? 당신은 어떤 색깔을 좋아하세요?
> **A:** J'aime le bleu. 저는 파랑색을 좋아해요.

빨강색	rouge (m)	초록색	vert (m))
분홍색	rose (m)	노랑색	jaune (m)
보라색	violet (m))	흰색	blanc (m)
검정색	noir (m)	갈색	brun (m)
파랑색	bleu (m)	회색	gris (m))

② 요금 Tarif

🎧 L-29

> **Q:** Je peux payer en espèces ? 제가 현금으로 지불할수 있을까요?
> **A:** Oui, bien sûr. 네, 물론이죠.

돈	argent (m)	현금	espèces (f)(pl)
신용카드	carte bleue (f) = carte de crédit (f)	동전	pièce de monnaie (f)
지폐	billet (m)	수표	chèque (m)

성인 요금	tarif plein	어린이 요금	tarif enfant
그룹 요금	tarif groupe	할인 요금	tarif réduit

📝 Note

❶ 색깔 명사로 사용할 때는 정관사 le를 붙인다.
❷ 색깔 형용사로 사용할 때는 명사의 성과 수에 일치시킨다. 프랑스에서 파랑색은 신용을 의미한다. 따라서 신용카드를 carte bleue라고 한다.
❸ prix: 가격 / frais: (법률 행위에 의해 발생한) 요금

Exercice 🎧 L-30

다음 원어민 음성을 듣고 해석해 보세요.

1 _____

2 _____

3 _____

4 _____

❸ 직업 Profession

🎧 L-31

Q: Qu'est-ce que vous faites dans la vie ? 당신은 직업이 뭐예요?

A: Je suis journaliste. 저는 기자예요.

변호사	avocat(e)	교사	professeur
가수	chanteur(chanteuse)	기자	journaliste
판매원	vendeur(vendeuse)	화가	peintre
배우	acteur(actrice)	학생	étudiant(e)
제빵사	boulanger(boulangère)	종업원	serveur(serveuse)
회사원	employé(e)	의사	docteur

④ 과목 Matière

L-32

Q: Qu'est-ce que tu étudies ? 너는 무엇을 공부하니?
A: J'étudie le français. 나는 프랑스어를 공부해..

J'étudie	le français.	프랑스어를 공부한다.
	le coréen.	한국어를 공부한다.
	l'économie.	경제학을 공부한다.
	la sociologie.	사회학을 공부한다.
	le droit.	법학을 공부한다.
	les arts plastiques.	미술학을 공부한다.
	le design.	디자인을 공부한다.
	l'anglais.	영어를 공부한다.
	l'architecture.	건축학을 공부한다.
	l'éducation physique et sportive. (EPS)	체육학을 공부한다.
	les mathématiques.	수학을 공부한다.

la philosophie.	철학을 공부한다.
la chimie.	화학을 공부한다.
l'histoire.	역사학을 공부한다.
la musique.	음악을 공부한다.

Note

❶ être 동사 다음에 직업명이 오면 관사를 생략한다.

　ex Je suis étudiant. 저는 학생입니다.

❷ 교사, 기자, 의사는 남성과 여성이 동일하다.

❸ faire des études de qqch: '~을 전공하다'라는 뜻으로 쓰인다.

Exercice

L-33

다음 원어민 음성을 듣고 해석해 보세요.

1 _____

2 _____

3 _____

4 _____

5 디저트/빵/음료 Dessert/Pain/Boisson

 L-34

Q: **Voulez-vous du vin ?** 포도주 드시겠어요?
A: **Non, un coca s'il vous plaît.** 아니요, 콜라 주세요.

디저트	dessert (m)	크루아상	croissant (m)
샐러드	salade (f)	치즈	fromage (m)
케이크	gâteau (m)	초콜릿	chocolat (m)
애플파이	tarte aux pommes (f)	마카롱	macaron (m)
빵	pain (m)	크레이프	crêpe (f)
바게트	baguette (f)	아이스크림	glace (f)
음료수	boisson (f)	맥주	bière (f)
물	eau (f)	핫초코	chocolat chaud (m)
커피	café (m)	뱅쇼	vin chaud (m)
콜라	coca (m)	오렌지 주스	jus d'orange (m)
차	thé (m)	과일 주스	jus de fruit (m)
포도주	vin (m)	소다	soda (m)

📝 Note

❶ 수량 표현

우유 1리터	un litre de lait
포도주 반 리터	un demi-litre de vin
물 한 병	une bouteille d'eau

많은 ~	beaucoup de + 무관사 명사
적은 ~	un peu de + 무관사 명사
충분한 ~	assez de + 무관사 명사

❷ 약간의 양이나 물질명사의 일부분을 나타낼 때는 부분관사를 사용한다.

ex du café 커피, de l'eau 물

📖 Exercice

🎧 L-35

다음 원어민 음성을 듣고 해석해 보세요.

1. _____

2. _____

3. _____

4. _____

기초문제

다음 원어민 음성을 듣고 [ ] 안에 해당하는 단어를 써 보세요. 🎧 L-36

❶ 색깔/요금 Couleur/Tarif

1 C'est [   ] [   ].

2 Les places sont au prix de 4,50 euros pour [   ].

3 J'aime bien [   ].

4 Vous avez 20% de [   ] sur les bonbons.

❷ 직업/과목 Profession/Matière

1 Je suis [   ].

2 Je fais des études [   ].

3 J'étudie [   ].

4 Quelle est votre [   ] ?

❸ 디저트/빵/음료 Dessert/Pain/Boisson

1 On va vous offrir [   ] fraîche avec une [   ].

2 Je vais boire [   ].

3 Voulez-vous [   ] ?

4 [   ], s'il vous plaît.

Vocabulaire

bonbon (m) 사탕류　　étude (f) 공부, 학습
offrir 제공하다　　frais/fraîche 신선한
s'il vous plaît ~ 주세요

모의문제

🔍 유형 미리 보기 🎧 L-37

Associez chaque situation à un dialogue. Puis vous allez entendre à nouveau les dialogues. Pour chaque situation, mettez une croix pour indiquer ≪Qu'est-ce qu'on demande ?≫, ≪Où est-ce ?≫ ou ≪Qui parle ?≫. 각각의 상황을 대화에 연결해 보세요. 그리고 나서 다시 한 번 녹음을 들을 것입니다. 각 상황마다 <무엇을 요구합니까?> 또는 <어디입니까?> 혹은 <누가 말합니까?>에 맞는 곳에 x표를 해 보세요.

	Qu'est-ce qu'on demande ? 무엇을 요구합니까?	
Situation n° 1	Une réduction 할인	X
	Une addition 계산서	
	Un lieu 장소	
	Un nom 이름	
	Où est-ce ? 어디입니까?	
Situation n° 2	Dans la rue 길에서	
	Dans un magasin 가게 안에서	X
	Au cinéma 영화관에서	
	À la maison 집에서	
	Qui parle ? 누가 말합니까?	
Situation n° 3	Un professeur et un étudiant 교수와 대학생	
	Une mère et un fils 어머니와 아들	
	Un vendeur et une cliente 판매원과 여자 손님	X
	Deux amis 두 친구	

(pause de 15 secondes) (15초 멈춤)

Deuxième écoute 2번째 듣기

Situation 1

A: Ça coûte combien ?
얼마예요?

B: Ça coûte 200 euros.
200유로입니다.

A: Ah bon ? Est-ce qu'il y a une réduction ?
정말요? 할인이 있을까요?

B: Je suis désolé, mais on ne fait pas de réduction.
죄송합니다. 할인이 없습니다.

Situation 2

A: Qu'elle est belle, cette robe ! La couleur est magnifique.
이 원피스가 너무 예뻐요! 색깔이 화려해요.

Je peux l'essayer ?
제가 입어봐도 될까요?

B: Bien sûr. La cabine d'essayage est là-bas.
물론이죠. 탈의실은 저쪽에 있어요.

Situation 3

A: Quelle taille faites-vous ?
치수가 어떻게 되세요?

B: Je fais du 40.
40입니다.

A: Voilà.
여기 있습니다.

 L-38

Vous allez entendre 2 fois un document. Il y a 30 secondes de pause entre les écoutes puis vous avez 30 secondes pour vérifier vos réponses. Lisez les questions.

Répondez aux questions.

1. Sur quel produit y a-t-il une réduction de 50% ?

☐ a ☐ b ☐ c

2. Si vous achetez 3 croissants, ...

☐ le quatrième est offert.
☐ le troisième est offert.
☐ le deuxième est offert.

 L-39

Vous allez entendre 2 fois un document. Il y a 30 secondes de pause entre les écoutes puis vous avez 30 secondes pour vérifier vos réponses. Lisez les questions.

Répondez aux questions.

1. Où allez-vous ?

☐ Dans un magasin
☐ À l'école
☐ Au cinéma

2 Qu'allez-vous faire jusqu'à minuit ?

☐ Manger quelque chose

☐ Demander un ticket

☐ Boire de la bière

Exercice 3

Vous allez entendre 2 fois un document. Il y a 30 secondes de pause entre les écoutes puis vous avez 30 secondes pour vérifier vos réponses. Lisez les questions.

Répondez aux questions.

1 Qu'est-ce que vous pouvez manger ?

      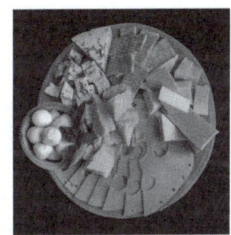

☐ a   ☐ b   ☐ c

2 Que devez-vous vérifier ?

☐ Il faut vérifier la ceinture de sécurité.

☐ Il faut demander un plat.

☐ Il faut changer de place.

DELF

*Diplôme
d'Études en
Langue Française*

SECTION 2
독해 평가
Compréhension des écrits

독해 유형 파악 및 유의사항

1. 독해 평가 내용

일상에서 쉽게 접할 수 있는 광고, 안내문, 지시문, 초대장 등의 간단한 자료를 읽고 질문에 답하는 형식입니다. 지문과 질문, 자료의 내용을 이해하고, 지시사항과 시간적 배경 및 공간적 상황을 파악하며 질문에서 요구하는 정보를 찾는 능력을 평가합니다.

2. 독해 평가 진행 방법

30분 / 25점 만점

❶ 먼저 문제의 지문과 질문들을 읽어 보세요.

❷ 주어진 자료를 읽으면서 자료의 유형과 누가, 언제, 어떤 의도로 이 자료를 작성하였는지 등의 주요 정보를 파악합니다. 중요한 정보는 밑줄을 긋거나 형광펜으로 표시하여 따로 체크해 놓습니다.

❸ 모르는 단어가 나올 때에는 자료의 전체 내용을 통해 파악해 보세요.

❹ 사진 자료가 함께 첨부된 문제의 경우 이를 활용하면 자료나 질문에 대한 이해에 도움이 됩니다.

❺ 다시 한 번 답을 확인합니다.

3. 독해 평가의 이해

❶ 시간과 관련된 짧은 메시지 이해하기 (지침, 광고 등)

❷ 길 찾기와 관련된 짧은 메시지 이해하기 (포스터, 공공장소 안내 등)

❸ 짧은 메시지에서 간단한 지시사항 이해하기 (이메일, 초대장 등)

❹ 정보를 얻기 위한 짧은 기사 읽고 이해하기

참조: https://www.france-education-international.fr/document/manuel-candidat-delf-a1

4. 독해 평가 준비 사항

❶ 엽서, 광고, 메모 등과 같은 텍스트의 종류 및 그 특징을 파악합니다.

❷ 부탁, 권고, 의무 등과 같은 텍스트의 목적 및 그 의도를 파악합니다.

❸ 주어진 텍스트나 문제를 독해할 때는 항상 누가 qui, 누구에게 à qui, 무엇을 quoi, 언제 quand, 어디서 où, 왜 pourquoi, 어떻게 comment를 염두에 두고 문제를 파악합니다.

❹ 주관식 없이 출제되는 대신 객관식 문항의 난이도가 높아졌습니다. 따라서 단어나 표현을 익힐 때 유사어도 함께 숙지합니다.

5. 독해 평가 유의사항

❶ 독해 자료의 주요 어휘나 표현이 보기에서 유사한 단어 또는 문장으로 대체되어 나올 수 있습니다.

❷ 육하원칙과 관련된 부분에 집중해서 문제를 풉니다.

❸ 독해 평가는 문제 풀이 시간을 알려주지 않습니다. 작문 문제 풀 시간을 감안하여 시간을 잘 조절해야 합니다.

6. 독해 평가의 학습 목표

❶ 빈도 표현과 관련된 자료를 익히고 시간표, TV 프로그램 독해에 활용할 수 있습니다.

❷ 장소, 위치, 광고에 관련된 정보의 어휘와 표현을 익힌 후 이를 안내문 및 광고문 독해에 활용할 수 있습니다.

❸ 격식을 갖춘 편지나 이메일의 기본 형태를 익히고 독해에 활용할 수 있습니다.

Partie 1 | Comprendre des instructions 지침서 이해

① 빈도 Fréquence

🔊 횟수 빈도 표현

~ fois par jour	하루에 몇 번
~ fois par semaine	한 주에 몇 번
~ fois par mois	한 달에 몇 번
~ fois par an	한 해에 몇 번

ex Mon fils a cours de musique deux fois par semaine. 내 아들은 일주일에 2번 음악 수업을 듣는다.

Je vais au cinéma une fois par mois. 나는 한 달에 한 번 영화관에 간다.

🔊 요일 빈도 표현

tous les + 요일 복수형	
chaque + 요일 단수형	매주 ~요일 / ~요일마다
le + 요일 단수형	

ex Le marché a lieu tous les mercredis matin. 시장은 매주 수요일 아침에 열린다.
(avoir lieu: 일어나다, 개최되다)

Les étudiants présentent leur travail le lundi. 학생들은 월요일마다 그들의 작업을 발표한다.

🔊 Tous/Toutes를 활용한 빈도 표현

tous les + jours/mois/ans ...	매일, 매달, 매해
toutes les + semaines ...	매주

ex Le club de sport est ouvert tous les jours. 스포츠 클럽은 매일 운영한다.

Marion court tous les matins. 마리옹은 매일 아침 달린다.

 **Note**

다양한 빈도 표현

toujours	항상
toute la journée	하루 종일
une fois, deux fois	1번, 2번
de temps en temps	가끔
parfois	때때로
souvent	자주

ex Elle travaille toute la journée. 그녀는 하루 종일 일한다.

Nous regardons un film ensemble de temps en temps. 우리는 가끔 함께 영화를 본다.

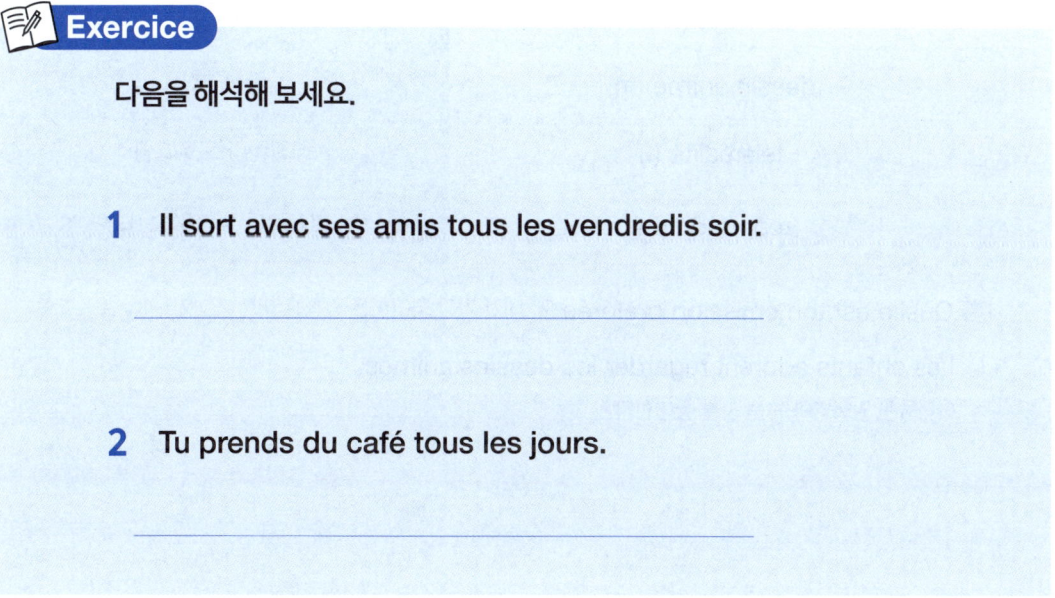

Exercice

다음을 해석해 보세요.

1 Il sort avec ses amis tous les vendredis soir.

_____

2 Tu prends du café tous les jours.

_____

❷ 프로그램/시간표 Programme/Emploi du temps

◀ TV 프로그램

journal (m), journal télévisé (m)	뉴스
documentaire (m)	다큐멘터리
série (f)	시리즈, 드라마
météo (f)	날씨 뉴스
journal des sports (m), sport (m)	스포츠 뉴스
film (m)	영화
téléfilm (m)	TV 영화
divertissement (m)	예능, 오락

ex) Je regarde le journal télévisé tous les soirs. 나는 매일 저녁 뉴스를 시청한다.

Ce divertissement est très populaire. 이 예능은 매우 인기있다.

◀ 기타 프로그램

émission (f)	방송
dessin animé (m)	만화영화
téléréalité (f)	리얼리티 프로그램
reportage (m)	르포르타주, 현지 보도

ex) Quelle est ton émission préférée ? 네가 가장 좋아하는 방송은 어떤 거야?

Les enfants adorent regarder les dessins animés.
아이들은 만화영화 보는 것을 좋아한다.

 **Exercice**

다음을 해석해 보고 질문에 한국어로 답해 보세요.

1 Le matin, Paul va souvent au travail à pied pour sa santé.

_____

Qui ? _____

Quand ? _____

Quoi ? _____

Comment ? _____

Pourquoi ? _____

2 Aujourd'hui Jean est absent à l'école toute la journée.

_____

Qui ? _____

Quand ? _____

Où ? _____

Quoi ? _____

① 빈도 Fréquence

다음 내용을 읽고 해석해 보세요.

> ### Club de danse
>
> Chers parents d'élèves,
> le samedi 1er septembre, nous organisons des réunions d'information sur nos cours de danse.
>
> > Danse classique: 14 h 30
> > Danse Moderne Jazz: 16 h 30
> > Danse Salsa: 18 h 30
>
> Chaque réunion dure environ 1 h 30.

프로그램/시간표 Programme/Emploi du temps

다음은 저녁 시간의 TV프로그램 안내입니다. (A)~(G)를 아래의 빈칸에 한국어로 써 보세요.

Le programme du soir du **(A): vendredi 1er juin.**

TF1	France 2	France 3	France 5
18 h **(B): Série** 《Les 3 filles》	18 h 30 **(C): Journal** 19 h **(D): Météo** 19 h 10 **(E): Journal des sports**	19 h **(F): Film** 《Titanic》	19 h 10 **(G): Documentaire** 《Esprit ouvert》

(A): _____

(B): _____

(C): _____

(D): _____

(E): _____

(F): _____

(G): _____

 Vocabulaire

parents (m)(pl) 부모님　　**élève** (m) 학생들
organiser 조직하다, 준비하다, 기획하다　　**réunion** (f) 회의　　**durer** 지속되다

모의문제

유형 미리 보기

Pour répondre aux questions, cochez (x) la bonne réponse. 질문에 맞는 답에 (x)표를 해 보세요.

Thomas est au collège. Voici son emploi du temps. 토마는 중학교에 다닙니다. 다음은 그의 시간표입니다.

	Lundi 월	Mardi 화	Mercredi 수	Jeudi 목	Vendredi 금
8 h 30 08:30		Arts plastiques 미술	Français 프랑스어	Histoire-Geo-EMC 역사·지리·도덕	Espagnol 스페인어
9 h 30 09:30	Physique-Chimie 물리·화학		Anglais 영어	Anglais 영어	Français 프랑스어
10 h 30 10:30	Français 프랑스어	EPS 체육	Histoire-Geo-EMC 역사·지리·도덕	Musique 음악	Anglais 영어
11 h 30 11:30	Anglais 영어		Français 프랑스어		Mathématiques 수학
12 h 30 - 13 h 30 12:30 - 13:30	Pause Midi 점심시간				
14 h 14:00	SVT 생물·지구과학	Espagnol 스페인어		EPS 체육	SVT 생물·지구과학
15 h 15:00	Histoire-Geo-EMC 역사·지리·도덕	Mathématiques 수학		Mathématiques 수학	Mathématiques 수학
16 h 16:00				Physique-Chimie 물리·화학	

SVT: Sciences de la vie et de la Terre 생물
EMC: Éducation morale et civique 도덕과 시민교육
EPS: Éducation physique et sportive 체육
Geo: Géographie 지리

Répondez aux questions. 질문에 답해 보세요.

1. À quelle heure commence la journée le lundi ? 월요일 하루는 언제 시작됩니까?

    ☐ 8 h   ☐ 8 h 30
    ☐ 9 h   ☒ 9 h 30

2. Combien de cours d'anglais Thomas a-t-il par semaine ? 토마는 일주일에 영어 수업이 몇 번 있습니까?

    ☐ 2   ☐ 3
    ☒ 4   ☐ 5

 **Exercice 1**

Vous consultez le programme télévisé. Répondez aux questions.

Le programme du soir du vendredi 1ᵉʳ mars

TF1	France 2	France 3	France 5
20 h: Série ≪Le jardin secret≫	20 h: Journal ≪Journal de 20 h≫ 20 h 40: Météo	20 h 15: Enquête ≪24 h≫	19 h 45: Documentaire ≪Les animaux de la jungle≫

1 À quelle heure commence la série ?

☐ 19 h 45

☐ 20 h

☐ 20 h 15

☐ 20 h 40

2 ≪24 h≫ est quel type d'émission ?

☐ Débat

☐ Série

☐ Film

☐ Enquête

3 Quel est le sujet du documentaire ?

☐ Les animaux

☐ La musique

☐ La cuisine

☐ La politique

Exercice 2

Vous êtes secrétaire dans une entreprise.
Voici l'emploi du temps de votre chef. Répondez aux questions.

Lundi	Mardi	Mercredi	Jeudi	Vendredi
10 h – 12 h Réunion de l'équipe 12 h 30 – 14 h Rendez-vous midi avec M. Ferrari 16 h – 17 h Entretien avec un candidat	10 h – 18 h Déplacement à Toulouse	9 h – 10 h Petit-déjeuner avec M.Porche 14 h – 16 h Formation	8 h 30 – 10 h 30 Réunion avec le service marketing 12 h – 14 h Déjeuner avec M.Mercedes 18 h – 19 h Point avec le directeur	9 h – 17 h Salon international automobile à Paris Expo

1 Quel jour aura lieu le déplacement à Toulouse ?

☐ Mardi

☐ Mercredi

☐ Jeudi

☐ Vendredi

2 Combien y a-t-il de rendez-vous cette semaine pendant la pause midi ?

☐ Aucun

☐ 1

☐ 2

☐ 3

3 Quand votre chef rencontre-t-il le service marketing ?

☐ Lundi à 10 h

☐ Mercredi à 9 h

☐ Jeudi à 8 h 30

☐ Jeudi à 12 h

4 Qu'est-ce qui est prévu pour ce jeudi à 18 h ?

☐ Il a rendez-vous avec M. Ferrari.

☐ Il a un déplacement.

☐ Il a un entretien avec un candidat.

☐ Il rencontre le directeur.

5 Quel jour le salon automobile aura lieu ?

☐ Lundi

☐ Mardi

☐ Jeudi

☐ Vendredi

Exercice 3

Vous consultez le document suivant sur Internet. Répondez aux questions.

Cet été, Nitflex propose de nouveaux films et séries jeunesse et famille. D'abord voici notre sélection de 5 films. «Notre planète II» est disponible dès le 16 juin et «Le roi Singe» dès le 30 juin. Deux films sortent le 1er juillet, «Lego Ninjakom» et «Gobby et la maison magique». Enfin, «La petite sirène» arrive le 18 août.

Voici la date de sortie des 3 séries très attendues par nos jeunes téléspectateurs. «La Team des 4» est prévue pour le 1er juin. Une nouvelle série de «C'est du gâteau» arrive le 13 juillet, et «Sony» le 7 août. Le programme complet est disponible sur notre site web: www.nitflex.fr/jeunesseetfamille

---

1 Qu'est-ce que ce document annonce ?

  ☐ La sortie de nouveaux livres

  ☐ La sortie de nouvelles séries

  ☐ La présentation d'un ciné club

  ☐ La présentation d'un parc de jeux

2 À quel public ce document s'adresse-t-il ?

  ☐ Jeunesse/Famille

  ☐ Séniors

  ☐ Couples

  ☐ Supporters de foot

3   À quelle date deux films vont sortir en même temps ?

☐ Le 1er juin

☐ Le 30 juin

☐ Le 1er juillet

☐ Le 7 août

4   D'après le document, combien de séries vont sortir cet été ?

☐ 3

☐ 5

☐ 6

☐ 7

5   Quel film va sortir le 7 août ?

☐ Sony

☐ La petite sirène

☐ C'est du gâteau

☐ Gobby et la maison magique

Partie 2 | Comprendre des informations 정보 이해

❶ 장소/주소 Lieu/Adresse

▶ 장소

lieu (m)	장소
bâtiment (m)	건물
salle (f)	(공공시설의) 방, 실
entrée (f)/sortie (f)	입구/출구
secrétariat (m)	비서실
bureau (m)	사무실

 Inscrivez-vous au secrétariat de la Mairie de Paris 17ème. 파리 17구 시청의 비서실에서 등록하세요.

Le hall d'entrée se trouve à votre gauche. 홀의 입구는 당신의 왼편에 있다.

▶ 주소 읽는 법

프랑스 주소는 아래와 같이 번지, 거리명, 우편번호와 도시명의 순서로 표기한다.

> 2, avenue du Général-de-Gaulle, 75001 Paris
> 파리 1구 제네랄 드 골 가 2번지

 Le restaurant coréen est situé (au) 2 rue du marché. 한국 식당은 마르쉐 가 2번지에 있다.

Nous habitons (au) 5 avenue des Gobelins. 우리는 고브린 가 5번지에 산다.

 **Note**

❶ 지역 광고문이나 지역 안내문의 경우 우편 주소와 도시명이 생략되어 쓰인다.

❷ 거리의 종류는 rue(거리), avenue(대로), boulevard(대로), place(광장), route(길), chemin(길) 등이 있다.

　ex rue de Paris 파리 가
　　avenue des Champs-Elysées 샹젤리제 거리
　　boulevard Haussmann 오스만 가
　　place Vendôme 방돔 광장

 **Exercice**

다음을 해석해 보세요.

1 Continuez tout droit jusqu'au bureau.

2 L'hôtel de ville est situé rue Victor Hugo.

❷ 광고 Publicité

◪ 필수 어휘

cours de ~ (m)	~ 수업
atelier (m)	아틀리에
club (m)	클럽

stage (m)	연수
location (f)/vente (f)	임대/판매
emploi (m)	일자리

ex Je recherche une personne pour garder mes enfants. 나의 아이들을 돌봐 줄 사람을 찾고 있다.

Le restaurant ≪Bon appétit≫ cherche des serveurs pour le mois d'août.
<본 아뻬띠> 레스토랑은 8월에 일할 종업원을 찾는다.

임대 광고 관련 어휘

louer	임대하다	appartement (m)	아파트
vendre	판매하다	maison (f)	집
immeuble (m)	건물	studio (m)	스튜디오
résidence (f)	레지던스, 공동주택	centre-ville (m)	도심
locataire (m)	임차인	banlieue (f)	교외
propriétaire (m)	집주인	caution (f)	보증금

équipé	필요한 장비가 갖춰진	ascenseur (m)	엘리베이터
vide	가구가 없는	étage (m)	층
meublé	가구가 딸린	rez-de-chaussée = RDC/rdc (m)	지상 1층
2 pièces/F2	거실 하나, 방 하나	parking (m)	주차장
		garage (m)	차고

chambre (f)	방	salle de bain (f)	욕실
séjour (m)	거실	toilettes (f)(pl)	화장실
cuisine (f)/ kitchenette (f)	부엌/소형부엌	chauffage (m)	난방

 Loue un studio meublé, 17m², kitchenette, salle de bain, 500 euros (eau et chauffage non compris), proche centre-ville et toutes commodités, Libre de suite, Mme Piaf Tel: 09 11 10 01 02 가구가 갖춰진 스튜디오 렌트, 총 면적 17m², 미니부엌, 욕실, 월세 500유로 (수도세 전기세 별도 부담), 시내, 편의시설과 가까움, 바로 입주 가능, 연락처: 09 11 10 01 02

Note

구인 광고 관련 어휘

temps plein (m)	풀타임
temps partiel (m)	파트타임
stagiaire	연수생
embaucher	고용하다
CV(Curriculum vitæ) (m)	이력서

 Elle cherche un travail à temps plein. 그녀는 풀타임 일을 찾고 있다.
Je travaille à temps partiel le week-end. 나는 주말에 파트타임으로 일한다.

 **Exercice**

다음을 해석해 보세요.

1 À louer un 2 pièces, non meublé, métro 10 min à pied.

2 Loue une chambre étudiante, meublée, proche université, 300 euros avec eau et chauffage.

 안내 Annonce

변경 및 취소 관련 표현

changement d'adresse	주소 변경
changement de date	날짜 변경
changement d'horaire	시간 변경
annulation d'un événement	행사 취소

ex L'heure du spectacle a changé pour samedi prochain. 공연 시간은 다음 토요일로 변경되었다.

Le match est annulé à cause de la pluie. 경기는 비로 인해 취소되었다.

알림과 금지 관련 표현

informer	알려주다, 통지하다
rappeler	상기시키다, 강조하여 알려주다
Il est interdit de ~	~ 하는 것은 금지되어 있다

ex Nous vous informons que le magasin ferme à 20 h. 20시에 가게가 문을 닫는다는 것을 알려 드립니다.

Il est interdit de fumer dans l'avion. 기내에서 흡연은 금지되어 있다.

Note

주의·의무 표현

Attention !	주의하세요!, 조심하세요!
Il est obligatoire de ~inf	반드시 ~ 해야 한다

ex Attention ! Travaux en cours ! 공사 중이니 주의하세요!

Il est obligatoire de porter un masque dans la salle d'attente. 대기실 안에서는 반드시 마스크를 착용해야 합니다.

Exercice

다음을 해석해 보세요.

1 Il est obligatoire de garder le silence dans la bibliothèque.

2 Veuillez éteindre votre portable pendant le film.

기초문제

❶ 장소/주소 Lieu/Adresse

다음 내용을 읽고 해석해 보세요.

> À la sortie du métro, tournez à droite, puis prenez la 1ère rue à gauche, la mairie est entre la poste et le magasin de fleurs.

❷ 광고 Publicité

다음 2개의 간단한 광고문을 읽고 해석해 보세요.

Ⓐ
Propose aide ménagère,
garde d'enfants
Mme Cérieuz
08 11 22 33 44

Ⓑ
Agence immobilière
recherche secrétaire
Temps plein
job@agenceimmo.fr

③ 안내 Annonce

다음 안내판에 적힌 글을 읽고 해석해 보세요.

> AIRE DE JEUX POUR ENFANTS DE 2 À 8 ANS
>
> SOUS LA SURVEILLANCE DES PARENTS
>
> ENTRETIEN PAR LA MAIRIE DE PARIS
>
> TEL: 01 09 08 05 03

Vocabulaire

agence immobilière (f) 부동산
aire de jeux (f) 놀이터
entretien (m) 관리
mairie (f) 시청
surveillance (f) 감시, 감독

모의문제

🔍 유형 미리 보기

Pour répondre aux questions, cochez (x) la bonne réponse. 질문에 맞는 답에 (x)표를 해 보세요.

≪Paris Job≫ propose jobs d'été aux étudiants pour juillet/août.
<Paris Job>은 학생들에게 7/8월 여름에 할수 있는 일을 제안합니다.

Baby-sitting, garde d'enfants, aide à domicile …
베이비 시팅, 아이 돌봄, 재택 돌봄…

Parler l'anglais est un plus. 영어를 구사할 수 있다면 더욱 좋습니다.

Envoyez votre CV à job_d_ete@parisjob.fr
이력서를 job_d_ete@parisjob.fr로 보내 주세요.

Pour plus d'informations, 더 많은 정보를 얻으려면,
Tel: 06 11 12 13 14 ou www.parisjob.fr/job-d-ete
Tel: 06 11 12 13 14 혹은 www.parisjob.fr/job-d-ete

Répondez aux questions. 다음 질문에 답해 보세요.

1. Cette annonce est … 이 광고는 …입니다.
   - ☒ une offre d'emploi. 구인 광고
   - ☐ une demande d'emploi. 구직 광고
   - ☐ une annonce immobilière. 부동산 광고
   - ☐ une annonce de location. 렌트 광고

2. ≪Paris Job≫ cherche quel profil ? <Paris Job>은 어떤 프로필을 찾습니까?
   - ☐ Serveur 종업원
   - ☐ Vendeur 판매원
   - ☒ Étudiant 학생
   - ☐ Employé 직장인

3. Cette annonce concerne quelle période ? 이 광고는 어떤 시기와 관련 있습니까?
   - ☐ Le printemps 봄
   - ☒ L'été 여름
   - ☐ L'automne 가을
   - ☐ L'hiver 겨울

📝 **Exercice 1**

Vous êtes en France. Vous lisez ces annonces dans le journal.
Répondez aux questions.

Emploi cuisinier
Le restaurant ≪Dolce Vita≫ recherche un cuisinier, à temps plein, du lundi au vendredi. Envoyez CV à job@dolcevita.com

---

La boulangerie de la gare cherche un vendeur de 12 h à 14 h du lundi au vendredi pour 1 an. Déposez votre CV directement dans le magasin avant le 10 janvier.

La piscine municipale cherche un professeur de natation, les lundis, mercredis, vendredis, 9 h - 17 h. CV et lettre à envoyer à travail@piscine.com

---

Le ≪Café ABC≫ cherche des serveurs le week-end de 17 h à 22 h. Envoyez CV et lettre à job@cafeabc.com

---

1 Un cuisiner cherche un travail. Il va contacter qui ?

☐ ≪Dolce Vita≫

☐ La boulangerie de la gare

☐ La piscine municipale

☐ ≪Café ABC≫

2 La boulangerie offre un travail pour combien de temps ?

☐ 1 mois

☐ 3 mois

☐ 6 mois

☐ 1 an

3 Un professeur de natation doit envoyer son CV à quelle adresse e-mail ?

☐ job@dolcevita.com

☐ travail@piscine.com

☐ job@cafeabc.com

☐ Il faut le déposer directement à la piscine.

 Exercice 2

Vous êtes au point de départ (X). Répondez aux questions.

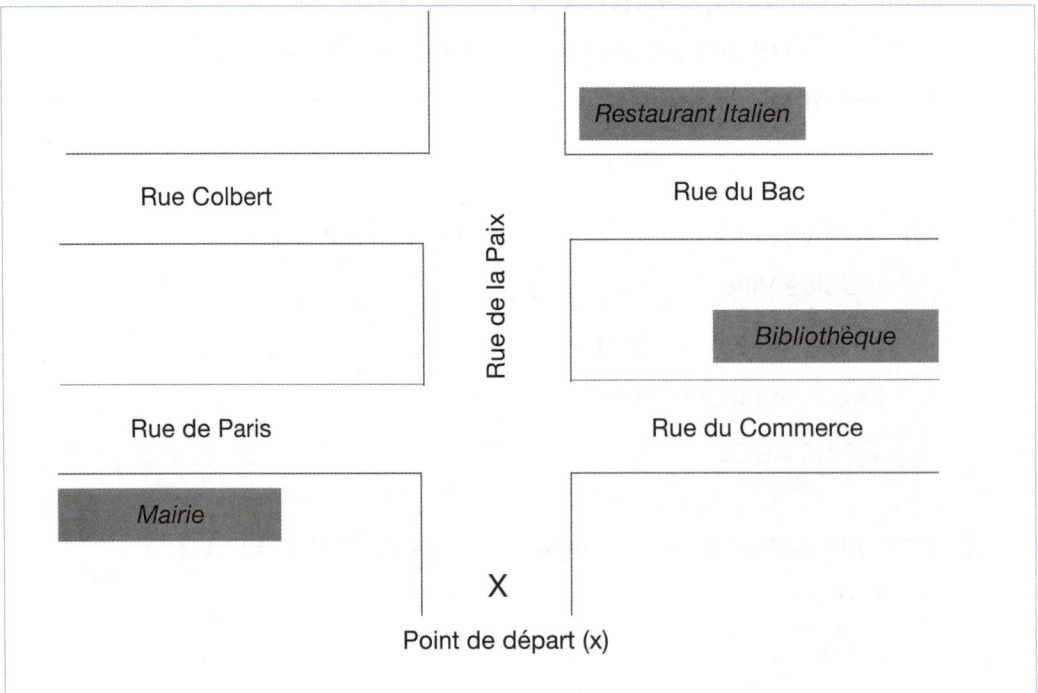

1   Vous êtes actuellement …

☐ rue Colbert.

☐ rue du Bac.

☐ rue du Commerce.

☐ rue de la Paix.

2   Pour aller à la bibliothèque, il faut aller jusqu'au carrefour puis …

☐ tourner à gauche.

☐ tourner à droite.

☐ continuer tout droit.

☐ prendre la rue de Paris.

3   Pour aller au restaurant italien il faut …

☐ prendre la rue de Paris.

☐ prendre la première rue à gauche.

☐ prendre la première rue à droite.

☐ prendre la deuxième rue à droite.

4   À partir du point de départ, la rue Colbert est …

☐ la 1ère rue à gauche.

☐ la 1ère rue à droite.

☐ la 2e rue à gauche.

☐ la 2e rue à droite.

 **Exercice 3**

Vous êtes à la bibliothèque. Vous trouvez ce document.
Répondez aux questions.

Bibliothèque de Saint-Exupéry

Horaires 10 h - 19 h du mardi au samedi

Prêt par personne, 5 livres/revues, 4 DVDs, pour 3 semaines

Adhésion: 20 euros par an

Règles à respecter à la bibliothèque:

1. Respecter les délais de prêt

2. Prendre soin des livres et matériels

3. Garder le silence

4. Maintenir les espaces propres

5. Venir avec un adulte si vous avez moins de 10 ans

---

1   Quel jour la bibliothèque est fermée ?

☐ Lundi

☐ Jeudi

☐ Vendredi

☐ Samedi

2   Combien de livres on peut emprunter par personne pour 3 semaines ?

□ 3

□ 4

□ 5

□ 9

3   Pour quelle durée on peut emprunter des revues ?

□ 1 semaines

□ 2 semaines

□ 3 semaines

□ On ne sait pas

4   Combien coûte l'adhésion ?

□ Gratuit

□ 10 euros

□ 20 euros

□ 30 euros

Partie 3 | Comprendre une correspondance 서신 이해

① 편지/이메일 Courriers/ E-mails

◘ 격식을 갖춘 편지 형태

M. Louis Napoléon 발신인
1 place de la République,
75001, Paris 주소
07 14 17 89 00 전화번호 및 이메일

M. Paul Valery 수신인
1 rue du Cimetière Marin,
75001 Paris 주소

Le 1er janvier 2024, à Paris
편지가 쓰인 날짜와 장소

Objet: _____ 제목

Madame, Monsieur,

Corps du message 메시지 내용
_____

_____

_____

_____

Cordialement, 진심을 담아서,
(더욱 형식적이고 정중한 마침 표현을 넣어야 한다면)
Je vous prie d'agréer, Monsieur, Madame, nos salutations distinguées.

📧 이메일 형태

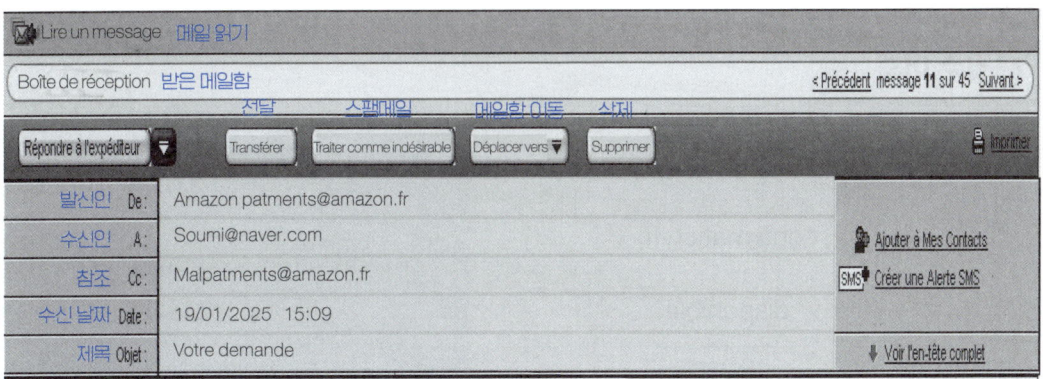

 **Note**

❶ 편지글 추가 표현

En vous remerciant: 당신에게 감사드리며

Avec mes remerciements: 당신에게 감사드리며

Je vous remercie: 당신에게 감사드립니다.

❷ 이메일 관련 표현

envoyer un e-mail: 이메일을 보내다

recevoir un courriel: 이메일을 받다

répondre à un message: 메시지에 답하다

Exercice

다음을 해석해 보세요.

1 J'ai bien reçu une lettre.

_____

2 Je vais envoyer un e-mail.

_____

 예약 Réservation

필수 어휘

réservation (f)	예약
confirmation (f)	확인
disponible	이용 가능 (빈자리 있음)
complet(complète)	만석, 만실 (예약 마감)
modification (f)	변경
tarif (m) / prix (m)	요금/가격
inclus(e)	포함된

ex Avez-vous une chambre disponible ? 빈방이 있나요?
Désolé, l'hôtel est complet. 죄송합니다, 호텔이 만실입니다.

자주 쓰이는 표현

réserver	예약하다
confirmer	확인하다
prendre un rendez-vous	예약을 잡다
annoncer	알리다
avoir le plaisir de + 동사원형	~을 하게 되어 기쁘다

ex Je voudrais réserver une table pour ce soir. 오늘 저녁에 테이블 하나를 예약하고 싶습니다.
Je vous confirme votre réservation. 당신의 예약을 확인해 드리겠습니다.

 **Note**

다양한 예약 (취소, 변경) 표현

faire une réservation	예약하다
annuler une réservation	예약을 취소하다
modifier une réservation	예약을 변경하다

ex Est-il possible de faire une réservation en ligne ? 온라인으로 예약할 수 있나요?

Je voudrais modifier ma réservation. 제 예약을 변경하고 싶어요.

 **Exercice**

다음을 해석해 보세요.

1 Je vous confirme votre réservation dans notre hôtel.

2 Elle quitte son travail.

기초문제

1 편지/이메일 Courriers/E-mails

다음 내용을 읽고 해석해 보세요.

> De: secretaire@mail.fr
> À: chef@mail.fr
>
> Objet: message du client
>
> Bonjour Stephan,
> Je viens de recevoir la réponse de notre partenaire.
> Je te la transfère.
> Bonne journée,
>
> Annie

2 예약

다음 내용을 읽고 해석해 보세요.

> Bonjour Mme Bernard,
> Je vous confirme votre rendez-vous à 13 h aujourd'hui dans notre bureau.
> Cordialement,
>
> M. Martin

 Vocabulaire

client (m) 손님
partenaire (m)(f) 파트너
bureau (m) 사무실
recevoir ~받다
transférer 옮기다, 넘겨주다

모의문제

유형 미리 보기

Pour répondre aux questions, cochez (x) la bonne réponse. 질문에 맞는 답에 (x)표를 해 보세요.

Vous allez voyager dans une ville française cet été, et l'office de tourisme répond à votre demande d'informations avec ce message. 당신은 프랑스의 한 도시를 방문할 것이고, 관광 안내소는 당신의 정보 요청에 대해 다음의 메시지로 답합니다.

Office de tourisme d'Anssy
앙시 관광 안내소
Le 1er juin 2025, à Anssy
2025년 6월 1일 앙시에서

Objet: Suite à votre demande d'informations 제목: 당신의 정보 요청에 따라

Bonjour M. Christo,
안녕하세요 크리스토 씨,

Vous visitez Anssy en famille cet été, il y a de nombreuses activités possibles.
당신은 올 여름 앙시로 가족 여행을 하시는군요. 다양한 활동들이 가능합니다.

S'il fait beau, faites une balade au bord du lac.
Vous pouvez aussi prendre un bateau de tourisme.
날씨가 좋다면, 강가에서 산책을 하세요. 관광용 배를 타 보셔도 좋습니다.

S'il pleut, allez visiter le centre commercial dans le centre-ville.
Il y a aussi un cinéma et une librairie.
비가 온다면 시내의 쇼핑센터를 방문해 보세요. 영화관과 서점도 있습니다.

Si vous voulez une promenade en bateau, nous vous recommandons de réserver vos places en avance à l'accueil.
배를 타고 유람하고 싶다면, 안내 데스크에서 미리 자리를 예약할 것을 권장합니다.

Bon séjour à Anssy !
앙시에서 좋은 여행 되세요!

1. Qui écrit ce message ? 누가 이 메시지를 쓴 것입니까?
   - ☐ La marie d'Anssy 앙시 시청
   - ☒ L'office de tourisme d'Anssy 앙시 관광 안내소
   - ☐ Une agence de voyage 여행사
   - ☐ Le centre commercial d'Anssy 앙시 쇼핑센터

2. À qui s'adresse ce message ? 이 메시지는 누구에게 보내는 것입니까?
   - ☐ À un jeune couple 젊은 커플 한 쌍에게
   - ☐ À un couple senior 중노년 부부에게
   - ☒ À une famille 한 가족에게
   - ☐ À un groupe d'étudiants 학생 그룹에게

Exercice 1

Vous venez de recevoir cet e-mail. Répondez aux questions.

Objet: Confirmation de votre commande

Bonjour Sylvie,

Votre commande n°1024 est validée. Nous vous envoyons un message dès que votre commande est disponible dans votre magasin.

Votre paiement

Frais de livraison	Gratuit
Robe violette	20 euros
Montant total	20 euros

Méthode de paiement: carte bancaire

Si vous voulez connaître l'état de votre commande, connectez-vous sur votre espace client.

Merci pour votre commande !

L'équipe ≪Robes du monde≫

1. Ce message est envoyé par ...
   - ☐ un magasin de vêtements
   - ☐ un magasin de décoration
   - ☐ un magasin de chaussures
   - ☐ un livreur

2. La commande sera livrée ...
   - ☐ dans le magasin
   - ☐ chez Sylvie
   - ☐ à la poste
   - ☐ à la banque

3. Qu'est-ce que Sylvie a acheté ?
   - ☐ Une jupe
   - ☐ Une paire de chaussures
   - ☐ Une robe
   - ☐ Un manteau

4. Comment Sylvie a payé sa commande ?
   - ☐ Par chèque
   - ☐ En espèces
   - ☐ Par carte
   - ☐ On ne sait pas.

Exercice 2

Vous venez de recevoir cet e-mail. Répondez aux questions.

De: Xavier@mail.fr
À: Suzy@mail.fr

Bonjour Suzy,

Tu vas bien ?

Je suis arrivé en France hier. Cette semaine je visite Paris. Aujourd'hui j'ai visité le musée du Louvre, j'ai fait un pique-nique au jardin du musée. Demain je vais visiter Notre-Dame de Paris et je vais me promener au bord de la Seine. Les jours suivants, j'irai voir la Tour Eiffel et Montmartre. Je t'envoie quelques photos par e-mail. Je suis très content de voyager à Paris.

J'espère que tes vacances en Chine se passent bien aussi !

Xavier

---

1 Aujourd'hui, Xavier a visité ...

☐ le musée du Louvre
☐ une cathédrale
☐ la Tour Eiffel
☐ Montmartre

2 Qu'est-ce qu'il va faire demain ?

☐ Pique-niquer dans un jardin
☐ Visiter une cathédrale
☐ Visiter la Tour Eiffel
☐ Visiter Montmartre

3 Sélectionnez la phrase fausse.

   ☐ Xavier est arrivé en France hier.

   ☐ Xavier reste une semaine à Paris.

   ☐ Demain il va à la tour Eiffel.

   ☐ Xavier partage ses photos avec Suzy.

4 Où Suzy passe ses vacances ?

   ☐ En France

   ☐ En Allemagne

   ☐ En Corée

   ☐ En Chine

Exercice 3

Vous venez de recevoir cet e-mail. Répondez aux questions.

De: contact@theatre-tout-beau.fr

À: pierre@mail.fr

Sujet: le spectacle du samedi 11 octobre

Bonjour,

Votre spectacle ≪Le Roi Coq≫ aura lieu demain à 14 h et nous avons le plaisir de vous accueillir dans notre théâtre.

Durée du spectacle: 1 h 30
Lieu: Salle Molière

N'oubliez pas de venir avec vos tickets. Nous vous informons que vous devez arriver 15 min avant le début du spectacle. Les appareils photos ne sont pas autorisés dans la salle, il est interdit de manger pendant le spectacle.

Merci pour votre compréhension,

L'équipe Théâtre Tout-Beau

---

1. À quelle heure finit le spectacle ?

   ☐ À 14 h ☐ À 15 h

   ☐ À 15 h 30 ☐ À 16 h

2. Choisissez la réponse fausse:

   ☐ Il faut venir avec le(s) ticket(s).

   ☐ Il ne faut pas manger pendant le spectacle.

   ☐ Il faut arriver à 14 h.

   ☐ On ne peut pas prendre des photos pendant le spectacle.

DELF

*Diplôme
d'Études en
Langue Française*

SECTION 3
작문 평가
Production écrite

작문 유형 파악 및 유의사항

1. 작문 평가 내용

신상 카드, 가입 카드 등의 서식을 이해하고 서식이 요구하는 정보를 제대로 채울 수 있는지, 일상생활과 관련된 간단한 메시지를 작성할 수 있는지와 초대를 받거나 메일을 받았을 때 그에 대한 답장을 쓸 수 있는지를 평가합니다.

2. 작문 평가 진행 방법

30분 / 25점 만점
2개의 문항이 출제되며, 서식 완성하기와 간단한 메시지 작성하기로 구성되어 있습니다.

❶ 첫 번째 문항에서는 신상카드와 같은 서식을 채울 수 있어야 합니다. 글씨체에 유의해야 하며 요구하는 조건에 맞는 정확한 답을 써야 합니다.

❷ 2번째 문항에서는 간단한 메시지 또는 초대 및 제안에 대한 답장을 쓸 수 있어야 하며, 반드시 40 단어 이상으로 작성해야 합니다.

3. 작문 평가의 이해

❶ 양식 작성하기: 주어진 정보를 활용해 양식을 완성해야 합니다.
❷ 짧고 간단한 메시지 쓰기: 간단한 문장으로 메시지 또는 초대 및 제안에 대한 답장을 쓸 수 있어야 합니다. (초대장, 이메일, 공지 사항 등)

참조: https://www.france-education-international.fr/document/manuel-candidat-delf-a1

4. 작문 평가 유의사항

❶ 인적 사항 등 기본적인 어휘는 미리 숙지해 둡니다.
❷ 질문에서 묻고자 하는 지시 시항을 정확하게 이해해야 합니다. 답안 작성 후 지시사항을 모두 작성했는지 확인해 봅니다.
❸ 2번째 문항의 경우, 제시된 단어 수 이상으로 작성해야 하며 최소 단어 수를 채우지 못하면 감점이 됩니다. 단어 수 초과 시에는 감점이 되지 않습니다.
❹ 답안지 교체를 하면 시간이 부족할 수 있으니 먼저 연필로 쓰고 최종적으로 펜으로 답안을 작성하면 안전합니다. (수정펜 사용도 가능합니다.)

5. 작문 평가의 학습 목표

❶ 서식에 등장하는 어휘를 익히고 요구하는 정보를 정확히 작성할 수 있습니다.
❷ 초대를 제안하고, 초대를 받았을 때 승낙 혹은 거절하는 답장을 작문할 수 있습니다.
❸ 여행 및 바캉스 관련 어휘와 표현을 익히고, 이를 바탕으로 작문할 수 있습니다.

Partie 1 | Donner des informations 정보 주기

❶ 서식 Formulaire

◘ 신상 카드

Nom (m)	성
Prénom (m)	이름
Sexe (m), Genre (m)	성별
Âge (m)	나이
Civilité (f)	호칭
Date de naissance (f) / Né(e) le jj/mm/aaaa	생년월일
Nationalité (f)	국적
Origine (f)	출신지
Adresse (f)	주소
Code postal (m)/C.P.	우편번호
Ville (f)	도시
Pays (m)	나라
Téléphone (m)	전화번호
Profession (f)	직업
E-mail (m) Courrier électronique (m) Courriel (m)	이메일

신상 카드 작성 예시

Nom	Lee	'성'의 첫 글자는 대문자로 적는다.
Prénom	Suzy	'이름'의 첫 글자는 대문자로 적는다.
Date de naissance	le 14 avril 2000	날짜 앞에 le 를 붙이고 일, 월, 연도 순으로 적는다.
Genre	féminin	féminin(여성), masculin(남성) 중 택하여 체크한다.
Nationalité	sud-coréenne	출신 국가는 여성형 형용사로 적고, 첫 글자는 소문자로 쓴다.
Adresse	14 rue de Laffitte	
Code postal	75001	
Ville	Paris	
Téléphone	06 90 45 35 00	
E-mail	suzylee@mail.fr	

Note

❶ 남성인 경우는 남성(Monsieur)의 약자인 M, 여성인 경우는 여성(Madame)의 약자인 Mme에 체크 표시를 한다.
❷ Adresse complète을 써야 할 경우 우편번호와 도시명을 모두 포함한 주소를 적는다.
❸ 전화번호의 경우 유선 전화번호(numéro de téléphone fixe)인지 핸드폰 번호(numéro de téléphone portable)인지 묻는 경우도 있다.
❹ 국적과 출신지는 첫 글자를 소문자로 하여 형용사로 적고, 나라명은 첫 글자를 대문자로 적는다.

Nationalité 국적	Origine 출신지	Pays 나라
française	française	France
coréenne	coréenne	Corée du sud

 **Exercice**

다음을 해석해 보세요.

Nom	
Prénom	
Date de naissance	
Nationalité	
Adresse complète	
Téléphone	
Courriel	

❷ 카드 작성 Fiche

카드 작성에 필요한 어휘

Fiche d'inscription (f) / Bulletin d'inscription (m)	가입 신청서, 등록 신청서
Abonnement (m)	정기 구독
Carte de fidélité (f)	멤버십 카드
Carte d'abonnement (f)	정기 구독 카드
Club de sport (m)	스포츠 클럽
Cours de langue (m)	언어 수업

카드 작성에 필요한 표현

Type d'abonnement	가입 유형
Durée de l'abonnement	구독 기간
Moyen de paiement	결제 방식
Loisirs préférés	좋아하는 여가 활동
Sports pratiqués	자주 하는 운동

ex Plusieurs moyens de paiement sont disponibles. 여러 결제 방식이 가능합니다.

Mes loisirs préférés sont la lecture et le cinéma. 내가 좋아하는 취미는 독서와 영화 보기이다.

다음을 해석해 보세요.

Fiche d'inscription	
Abonnement	
Carte de fidélité	
Profession	
Loisirs préférés	
Âge	

 기초문제

1 서식 Formulaire

제시한 내용을 참고하여, 다음 빈칸에 해당하는 내용을 찾아 적어 보세요.

> Céline, Lyon, Dion, le 1er janvier 1995, 3 rue de la Paix, 69000, Chanteuse, celine.dion@mail.com

Nom	
Prénom	
Date de naissance	
Profession	
Adresse	
Code postal	
Ville	
Courrier électronique	

Vocabulaire

chanteuse (f) 여자가수   natation (f) 수영
nationalité (f) 국적

❷ 카드 작성 Fiche

제시한 내용을 참고하여, 다음 빈칸에 해당하는 내용을 찾아 적어 보세요.

> Célia, Paris, 07 98 09 01 01, 4 rue Saint Nicolas, Prévot, 75002, le 4 février 2008, celia.prevot@mail.fr, Madame, tennis et natation

Centre de sport
Fiche d'inscription

Civilité	☐ Madame ☐ Monsieur
Nom	
Prénom	
Date de naissance	
Adresse	
Code postal	
Ville	
Téléphone portable	
Courrier électronique	
Sports pratiqués	

모의문제

🔍 유형 미리 보기

Lisez le formulaire d'inscription puis répondez aux questions. 신청서를 읽고 질문에 답해 보세요.

Vous avez complété ce formulaire dans une bibliothèque. 당신은 도서관에서 아래 신청서를 작성했습니다.

PARIS | BIBLIOTHEQUÈS 파리 | 도서관

Inscription dans les bibliothèques de la ville de Paris
파리시 운영 도서관 가입서

Merci de remplir le formulaire ci-dessous pour obtenir la carte d'usager.
사용자 카드를 받으려면 아래 양식을 작성하세요.

☐ **M.**　　☒ **Mme.**　　**Nom (en majuscule):** KIM
　남성.　　　여성.　　　성(대문자로): 김

　　　　　　　　　　　　Prénom: Seon-a
　　　　　　　　　　　　이름: 선아

Date de naissance: 10/10/2000
생년월일: 2000년 10월 10일

Adresse: 18 rue du Mesnil
주소: 메스닐 거리 18번가

Code postal: 75014　　**Ville:** Paris
우편번호: 75014　　　　　도시: 파리

Email: seon-a.kim@mail.fr
이메일: seon–a.kim@mail.fr

Téléphone fixe: 01 24 66 88 90　　**Téléphone portable:** 06 90 95 10 10
유선 전화: 01 24 66 88 90　　　　　　핸드폰: 06 90 95 10 10

Profession: Professeur
직업: 교수

Si l'inscription est faite par un mandataire,
대리인이 등록한 경우,

Nom et Prénom du mandataire: _____
대리인의 성과 이름:

J'accepte de recevoir par mail concernant la vie de la bibliothèque:
도서관 생활에 관한 이메일 수신에 동의합니다:

☐ **Oui** 예　　　　☒ **Non** 아니오

1. Comment vous appelez-vous ? 당신의 이름은 무엇입니까?

   seon-a KIM

2. Ecrivez votre adresse complète : 당신의 전체 주소를 써 보세요.

   18 rue du Mesnil 75014 Paris

3. Quelle est votre courrier électronique ? 당신의 이메일 주소는 무엇입니까?

   seon-a.kim@mail.fr

4. Avez-vous un téléphone fixe ? 당신은 유선전화가 있습니까?

   ☒ oui   ☐ non

5. Quel est votre numéro de téléphone portable ? 당신의 휴대전화 번호는 무엇입니까?

   06 90 95 10 10

 **Exercice**

Vous travaillez dans un club de sport. Une personne vous envoie ce message. Lisez-le, puis remplissez le formulaire d'inscription pour cette personne.

Bonjour,

Je m'appelle Marc Genoux, j'aimerais m'inscrire dans votre club de sport. Je suis né le 20 décembre 2008. J'habite au 14, rue des champions 75019 Paris. Je suis actuellement étudiant dans une école de commerce. J'adore le sport, je fais souvent de la natation et du tennis. Je n'ai aucun problème de santé.

Je vous laisse mon numéro de téléphone : 06 01 02 03 04

Sport Plus
Formulaire d'inscription

Nom:	Prénom:
Date de naissance:	Genre:
Adresse:	
Code postal:	Ville:
Tel. portable:	Profession:
Avez-vous des problèmes de santé ? ☐ oui ☐ non Si oui, lequel ?	

Partie 2 — Inviter quelqu'un 특정 사람 초대하기

① 초대 Invitation

■ 초대 관련 표현

❶ 일반적인 초대 표현으로 inviter(초대하다) 동사를 사용한다.

> ex **Je vous invite aux portes ouvertes de notre club de danse.** 당신을 저희 댄스 클럽의 오픈데이에 초대합니다.

❷ 정중한 초대 표현으로는 aimer와 souhaiter의 조건형인 J'aimerais(~ 하기를 원하다)와 Je souhaiterais(~ 하기를 바라다)를 사용하며, 동사원형이 뒤따른다.

> ex **J'aimerais t'inviter à mon anniversaire.** 내 생일에 너를 초대하고 싶어.

❸ 친한 사이에서는 être disponible(시간이 가능하다) 같은 표현을 사용하여 상대의 시간 가능 여부를 가볍게 묻는다.

> ex **Est-ce que tu es disponible ce samedi après-midi ?** 너는 이번 주 토요일 오후에 시간이 가능하니?

■ 답장을 요구하는 표현

J'attends ta réponse. 너의 답장을 기다릴게.
Merci pour ta réponse rapide. 빠른 답변 주면 고맙겠어.

❶ 정중한 표현

　　J'aimerais avoir votre réponse. 당신의 답변을 받고 싶습니다.
　　Je souhaiterais recevoir votre réponse. 당신의 답변을 받고 싶습니다.

❷ 편지글 작성 팁

　　■ 서두에서는 수신인에게 인사한 후 안부를 묻는다.
　　　Bonjour, Salut, Cher/Chère + 이름,
　　　Comment vas-tu ? 어떻게 지내세요?

- 수신인에 따라 친근한 사이일 경우 tu, 격식을 갖춰야 하는 사이거나 수신인이 여러 명일 경우 vous를 일관되게 사용하여 메시지를 작성한다.
- 본문에서는 편지 목적과 관련된 내용을 작성한다.
- 끝맺음은 친근한 사이일 경우 Salut, À bientôt, Je t'embrasse, Bises 등과 같은 표현을, 격식을 갖춰야 할 경우 Cordialement 등과 같은 표현을 쓴 후, 자신의 이름을 남기며 마무리한다.

Exercice

다음을 프랑스어로 써 보세요.

1 오늘 저녁에 너를 우리 집에 초대하고 싶어.

_____

2 빠른 답변 주시면 감사하겠습니다.

_____

❷ 승낙/거절 Acceptation/Refus

수락 관련 표현

Avec plaisir !	기꺼이!
C'est super. = C'est génial.	좋아요.
D'accord./Pas de problème.	알았습니다./문제 없습니다.
J'accepte votre invitation avec plaisir.	당신의 초대에 기꺼이 응합니다.
Je vous remercie pour votre invitation.	당신의 초대에 감사합니다.

거절 관련 표현

Je suis désolé(e).	죄송합니다.
Je regrette.	유감스럽습니다.
Je ne peux pas.	그럴 수 없습니다.
Ce n'est pas possible.	불가능합니다.
Je ne suis pas disponible. = Je ne suis pas libre.	시간이 되지 않습니다.

Note

❶ 상대의 안부를 묻는 질문
  Comment vas-tu ? 어떻게 지내?
  Comment allez-vous ? 어떻게 지내세요?

❷ 상대의 소식을 묻는 질문
  Tout va bien ? 다 좋은가요?
  Quoi de neuf ? 무슨 새로운 일이 있어요?

❸ 소식 전하기
  J'ai une bonne nouvelle. 내게 좋은 소식이 있어.
  J'ai une mauvaise nouvelle. 내게 나쁜 소식이 있어.

Exercice

다음을 프랑스어로 써 보세요.

1 당신의 초대를 기꺼이 수락합니다.
   _____

2 초대 감사합니다. 하지만 저는 시간이 안 됩니다.
   _____

기초문제

1 초대 Invitation

다음 제시된 프랑스어 문장들을 참고하여 왼쪽 해석에 맞게 오른쪽 빈칸에 다시 써 보세요.

- Je serai très contente si tu peux venir.
- J'organise une fête d'anniversaire le vendredi 5 avril à la maison.
- La semaine prochaine Il y a mon anniversaire.
- On va dîner et partager un gâteau ensemble.
- Ça commence à partir de 19 h.

안녕 알리스,	Salut Alice,
어떻게 지내니?	Comment ça va ?
다음 주에 내 생일이 있어.	_____
4월 5일 집에서 생일 파티를 열 거야.	_____
파티는 19시부터 시작해.	_____
저녁식사 하고 케이크 같이 먹자.	_____
너가 오면 난 너무 기쁠 거야.	_____
너의 답변 기다릴게.	J'attends ta réponse !
잘 지내.	Je t'embrasse.
미라	Mira

118

2-1 승낙 Acceptation

다음 제시된 프랑스어 문장들을 참고하여 왼쪽 해석에 맞게 오른쪽 빈칸에 다시 써 보세요.

- Est-ce que tu peux me donner des idées ?
- Merci beaucoup pour ton invitation,
- À bientôt !
- Je viendrai avec plaisir au baptême de ton fils.
- J'aimerais lui offrir un cadeau pour le féliciter.

안녕 마리,	Salut Marie,
잘 지내니?	Tu vas bien ?
너의 초대 정말 고마워,	_____,
나는 너무 기뻐.	je suis très heureuse.
너의 아들의 세례식에 기꺼이 갈 거야.	_____
그에게 축하 선물을 해주고 싶어.	_____
내게 아이디어를 좀 줄 수 있니?	_____
모든 것이 순조롭게 잘 준비되길 바랄게.	J'espère que tout se prépare bien.
곧 보자.	_____
마틸드	Mathilde

2-2 거절 Refus

다음 제시된 프랑스어 문장들을 참고하여 왼쪽 해석에 맞게 오른쪽 빈칸에 다시 써 보세요.

- Je vous souhaite une très belle cérémonie de mariage.
- Je dois partir en Chine pour mon travail.
- Toutes mes félicitations !
- J'aimerais beaucoup être avec vous, mais je ne suis pas disponible ce jour.
- Je suis très contente d'apprendre votre mariage.

안녕하세요,	Bonjour,
당신의 결혼 소식을 알게 되어 정말 기쁩니다. 진심으로 축하드립니다!	_____
당신의 초대에 감사드립니다.	Merci pour votre invitation.
정말 함께 하고 싶지만 그날 저는 시간이 되지 않습니다. 일 때문에 중국으로 떠나야 하거든요.	_____
돌아와서 함께 만날 수 있었으면 좋겠네요.	J'espère vous revoir après mon retour.
아름다운 결혼식이 되기를 기원합니다.	_____

Vocabulaire

anniversaire (m) 생일　　**partager** 나누다　　**commencer** 시작하다
à partir de ~부터　　**baptême** (m) 세례　　**mariage** (m) 결혼
apprendre 배우다, 알다

모의문제

유형 미리 보기

Votre copine vous envoie cette invitation. Écrivez-lui pour la féliciter de cette bonne nouvelle et pour accepter l'invitation. 당신의 친구가 당신에게 초대장을 보냅니다. 좋은 소식을 축하하고 당신의 친구에게 초대를 수락하는 답장을 써 보세요.

Léo et Sophie
Sont heureux de vous faire part de leur mariage qui sera célébré
Le samedi 1er octobre
Nous vous donnons rendez-vous à 15 h
Pour la cérémonie à la marie de Paris 15ème
Sera suivie d'un cocktail festif à 16 h 30 au Domaine des Amoureux
Merci de confirmer votre présence avant le 1er septembre
Léo et Sophie

레오와 소피는 10월 1일 토요일에 거행할 결혼식을 당신에게 알리게 되어 기쁩니다.
결혼식은 파리 15구 시청에서 15시에 열리며, 16시 30분부터 도멘 데 쟈무후에서 칵테일 파티가 이어집니다.
9월 1일까지 당신의 참석을 확인해 주시면 감사하겠습니다.
레오와 소피

Salut Sophie,

quelle joie d'apprendre cette superbe nouvelle ! Toutes mes félicitations à vous ! Merci pour votre invitation, je suis très heureuse d'être invitée.

Je viendrai assister à votre mariage avec grand plaisir. J'espère que tout se prépare bien. Je t'embrasse.

Rose

안녕 소피,
이런 멋진 소식을 듣게 되어 얼마나 기쁜지 몰라! 진심으로 축하해! 초대 고마워. 초대받게 되어 너무 기뻐.
기꺼이 너희들의 결혼식에 참석하겠어. 모든 것이 순조롭게 준비되길 바랄게. 안녕.
로즈

 **Exercice**

Vous venez de déménager à Séoul. Ecrivez à votre correspondant(e) pour lui donner de vos nouvelles.
Vous lui parlez de votre changement et de votre vie à Séoul.

Partie 3 | Parler des loisirs 여가 생활 말하기

여행 Voyage

■ 필수 표현

faire sa valise	가방을 싸다
organiser un voyage	여행을 계획하다
préparer un voyage	여행을 준비하다
louer une voiture	차를 렌트하다
réserver une chambre d'hôtel	호텔방을 예약하다
réserver des billets de train	기차표를 예약하다

■ 추가 표현

❶ 동행자 관련 표현: avec qn ~와 함께

A: Avec qui tu pars en voyage ? 누구와 여행을 떠나니?

B: Je pars <u>avec ma sœur</u>. 나는 언니와 떠나.

❷ 시간 관련 표현: dans ~ 후에

A: Quand est-ce que tu pars ? 언제 떠나니?

B: Je pars <u>dans une semaine</u>. 일주일 뒤에 떠나.

❸ 기간 관련 표현: pour, pendant ~ 동안

A: Combien de temps tu pars en voyage? 얼마 동안 여행을 떠나니?

B: Je pars <u>pour une semaine</u>. 일주일간 떠나.

교통수단 관련 표현

❶ prendre + 교통수단: ~을 타다

ex Je prends l'avion. 나는 비행기를 타다.

On peut prendre le bus. 우리는 버스를 탈 수 있다.

Tu prends le train. 너는 기차를 탄다.

❷ aller/revenir ... + en + 교통수단: ~으로 가다/돌아오다

ex J'y vais en bateau. 나는 그곳에 배로 간다.

J'y vais en vélo. 나는 그곳에 자전거로 간다.

Je reviens en voiture. 나는 자동차로 돌아온다.

다음을 프랑스어로 써 보세요.

1 나는 2주일 뒤에 떠난다.

_____

2 그녀는 그녀의 가족과 일주일 동안 파리를 여행한다.

_____

❷ 바캉스 Vacances

▪ 필수 표현

C'est les vacances.	바캉스다, 휴가철이다.
être en vacances	바캉스 중이다
partir en vacances	바캉스를 떠나다
passer les vacances en/à + 장소	~에서 바캉스를 보내다

ex Je suis en vacances. 나는 바캉스 중이다.
Je pars en vacances. 나는 바캉스를 떠난다.

▪ 목적 표현 (pour를 활용)

Je pars pour les vacances.	바캉스를 떠난다.
Je pars pour me reposer.	휴식을 취하러 떠난다.
Je voyage pour le travail.	업무차 여행한다.

▪ 활동 표현 (faire를 활용)

faire du bateau	배를 타다
faire du camping	캠핑을 하다
faire de la randonnée	하이킹을 하다
faire du ski	스키를 타다
faire du vélo	자전거를 타다

faire une promenade dans la forêt	숲을 산책하다
faire des photos	사진을 찍다

 Nous aimons faire du camping en été. 우리는 여름에 캠핑하는 것을 좋아한다.
En hiver, il fait du ski avec ses amis. 겨울에, 그는 친구들과 스키를 탄다.

Note

❶ 감정 표현

■ 만족 관련 어휘

satisfait(e)	만족스러운
content(e)	기쁜
heureux(se)	행복한

 Je suis satisfait(e) de mon travail. 나는 내 일에 만족해.
Nous sommes très heureux(ses) de te voir. 우리는 너를 보게 되어 정말 행복해.

■ 감정 표현

C'est agréable.	기쁘게 한다, 기분 좋게 한다.
C'est intéressant.	흥미롭다.
C'est amusant.	재미있다.
C'est bon.	좋다, 맛있다.
Ça me plaît.	마음에 든다.
C'est superbe./C'est super./C'est génial.	근사하다, 멋지다.
C'est beau.	멋지다, 아름답다.
C'est magnifique.	훌륭하다.

■ 불만족 표현

형용사에 ne ~ pas를 붙여서 불만족을 표현한다.

ex Je ne suis pas satisfait(e). 저는 만족하지 않습니다.

Je ne suis pas content(e). 저는 기쁘지 않습니다.

❷ 바캉스에서의 활동 관련 동사 및 표현

■ visiter (une ville/un pays/un musée): (도시, 나라, 미술관 등을) 방문하다

ex Je veux visiter Paris un jour. 나는 언젠가 파리를 방문하고 싶어.

■ nager/plonger (dans la rivière/dans l'océan/dans la piscine): (강, 바다, 수영장 등에서) 수영하다, 잠수하다

ex Il sait très bien nager. 그는 수영을 아주 잘한다.

■ bronzer/prendre un bain de soleil/prendre le soleil: 햇볕에 피부가 그을리다, 햇볕을 쬐다

ex Je bronze au soleil à la plage = Je prends le soleil à la plage. 나는 해변에서 햇볕을 쬔다.

 **Exercice**

다음을 프랑스어로 써 보세요.

1 나는 여행을 위해 자동차를 렌트한다.

_____

2 나는 해변에서 햇볕을 쬔다.

_____

기초문제

다음 제시된 프랑스어 문장들을 참고하여 왼쪽 해석에 맞게 오른쪽 빈칸에 다시 써 보세요.

- Je vais voyager à Paris pendant une semaine.
- Ça va être très sympa de pique-niquer au bord de la Seine.
- Qu'est-ce que tu fais cet été ?
- Je vais visiter la tour Eiffel, le musée d'Orsay et plein d'autres monuments.

안녕 뤽,	Salut Luc,
잘 지내지?	Tu vas bien ?
너는 올 여름 뭐 하니 ?	_____
나는 일주일간 파리를 여행하려고 해.	_____
너도 나와 함께 갈래?	Est-ce que tu veux venir avec moi ?
난 에펠탑과 오르세 미술관 그리고 많은 건축물들을 방문할 거야.	_____
센 강변에서 피크닉을 하면 너무 좋을 거야.	_____
빨리 답변 주면 고맙겠어.	Merci pour ta réponse rapide.
톰	Tom

2 바캉스 Vacances

다음 제시된 프랑스어 문장들을 참고하여 왼쪽 해석에 맞게 오른쪽 빈칸에 다시 써 보세요.

- J'espère que tes vacances à New York se passent bien.
- Il fait très beau, et les paysages sont magnifiques.
- Je suis en train de passer mes vacances en Espagne avec ma sœur.
- Bonnes vacances !
- Cette semaine je suis à Madrid.

안녕 엠마,	Salut Emma,
나는 언니와 스페인에서 바캉스를 보내고 있는 중이야. 이번 주에 나는 마드리드에 있어.	_____
날씨가 너무 좋고, 경치도 멋져.	_____
공원, 미술관, 성도 참 많아. 정말 최고야.	Il y a beaucoup de parcs, musées et de palais, c'est vraiment super !
너도 뉴욕에서 바캉스 잘 보내고 있길 바랄게.	_____
너의 답변 기다릴게.	J'attends ta réponse.
즐거운 바캉스 되렴.	_____
제나	Jena

Vocabulaire

voyager 여행하다   pendant ~동안에   semaine (f) 주
monument (m) 기념물, 유적   paysage (m) 경치

# 모의문제

🔍 유형 미리 보기

Vous partez à la mer avec votre ami(e) français(e). Vous lui écrivez ce qu'il faut réserver, et des activités possibles. 당신은 당신의 프랑스 친구와 함께 바다로 떠납니다. 그(녀)에게 무엇을 예약해야 하는지와 가능한 활동들에 대해 써 보세요.

❶ 인사말

Coucou Murielle,

안녕 뮤리엘,

❷ 예약해야 하는 것들에 대한 서술 (호텔, 기차, 활동 등)

C'est bientôt les vacances, il faut commencer à organiser notre voyage. On doit réserver une chambre double pour 3 nuits, et les billets de train pour deux allers-retours Paris-Nice.

곧 방학이 다가오니, 우리 여행을 계획하기 시작해야 해. 우리는 3박 동안 사용할 더블룸을 예약하고, 파리와 니스 간 왕복 기차표 2장도 예약해야 해.

❸ 가능한 활동에 대한 서술 (산책, 수영, 레스토랑 방문 등)

À Nice on peut faire une belle promenade au long de la plage. On peut nager et prendre le soleil. Pourquoi pas une balade en bateau ?

니스에서는 해변가에서 멋진 산책을 할 수 있어. 수영도 할 수 있고 햇볕을 쬘 수도 있지. 배를 타고 유람하는 것은 어때?

❹ 다른 의견이 있는지 묻고 인사말과 함께 끝맺음

Est-ce que tu as d'autres idées ?

다른 아이디어들이 있니?

J'attends ta réponse.

너의 답변 기다릴게.

Héloïse

엘로이즈

 **Exercice**

Vous faites un voyage d'hiver à la montagne. Vous écrivez une carte postale à votre ami(e) français(e). Présentez lui vos activités, où et avec qui vous êtes.

DELF

Diplôme d'Études en Langue Française

SECTION 4
구술 평가
Production orale

구술 유형 파악 및 유의사항

1. 구술 평가 내용

구술은 다음 3가지를 평가합니다.

❶ 첫 번째 평가: 자기 자신, 가족, 친구 소개 또는 여가, 취미, 하루 일과 등과 관련된 시험관의 질문에 간단하게 대답합니다.
❷ 두 번째 평가: 제시된 6개의 단어를 가지고 관련된 단어의 질문을 만들어 시험관에게 질문합니다.
❸ 세 번째 평가: 시뮬레이션 대화로, 제시된 상황에 따라 시험관과 3~5분 동안 자유롭게 대화합니다.

2. 구술 평가 진행 방법

5~7분(준비 시간 10분) / 25점 만점

❶ 인터뷰: 시험관 질문에 답하기 (1~2분)
❷ 정보 교환: 제시된 단어의 카드를 보고 시험관에게 질문하기 (1~2분)
❸ 시뮬레이션: 시뮬레이션 대화하기 (3~5분)

3. 구술 평가의 이해

❶ 인터뷰: 시험관의 질문에 간단히 답변하는 형식으로 준비 시간은 없습니다.
❷ 정보 교환: 6장의 카드를 받고 이를 바탕으로 답변을 준비합니다.
❸ 시뮬레이션: 2개의 주제 중 선호하는 주제를 선택하여 답변을 준비합니다.

참조: https://www.france-education-international.fr/document/manuel-candidat-delf-a1

4. 구술 평가 유의사항

접수증에 명시된 고사장에서 시험이 치러집니다. 고사장에는 지정된 시간보다 여유롭게 도착해서 기다리는 게 좋습니다. 한 장소에서 2명이 시험을 보는데, 앞 응시자가 시험을 치르고 있더라도 언제 자신의 차례가 올지 모르니 자리를 비우지 않도록 합니다.

❶ 평가에 들어가면 감독관과 가벼운 인사를 하게 됩니다. 인사 표현이나 정중한 표현들을 사전에 숙지하는 것이 필요합니다.
❷ 감독관의 질문 요지를 제대로 파악하지 못했다면 다시 한 번 말해 달라고 요청해야 합니다. 다시 질문하는 것은 감점이 아니지만, 질문을 제대로 이해하지 못하고 다른 대답을 하게 되면 감점의 요인이 됩니다.
❸ 준비실에 들어가면 정보 교환에 해당하는 단어 카드와 시뮬레이션 내용이 적힌 종이가 책상 위에 놓여 있습니다. 지시사항을 모두 숙지하기에는 시간이 부족하므로 첫 줄을 보고 어떤 장소에서 일어나는 대화인지 파악한 후 직관적으로 선택해야 합니다.

5. 구술 평가의 학습 목표

❶ 자기 자신과 가족 및 타인 소개에 관한 표현과 어휘를 사용할 수 있습니다.
❷ 하루 일과, 다양한 활동 및 여가 생활에 대한 표현과 어휘를 사용할 수 있습니다.
❸ 단어 카드에 자주 출제되는 단어와 연관된 질문들을 할 수 있습니다.
❹ 시뮬레이션에 자주 출제되는 표현과 어휘를 활용할 수 있습니다.

Partie 1-1 | Entretien dirigé 시험관 질문에 대답하기

❶ 자기 소개 Se présenter

자기 소개와 관련된 다양한 표현

❶ 이름
A: Comment vous appelez-vous ? = Quel est votre nom ? 당신 이름은 무엇입니까?
B: Je m'appelle Sanjung Kim. = Je suis Sanjung Kim. 제 이름은 김산정입니다.

❷ 나이
A: Quel âge avez-vous ? 당신은 몇 살입니까?
B: J'ai 20 ans. 제 나이는 20살입니다.

❸ 장소
A: Où habitez-vous ? 당신은 어디에 삽니까?
B: J'habite à Séoul. 저는 서울에 삽니다.

❹ 직업
A: Qu'est-ce que vous faites dans la vie ? = Quelle est votre profession ?
당신은 무슨 일을 합니까?
B: Je suis étudiant(e) à l'université K. 저는 K대학교 학생입니다.

❺ 전공
A: Quelle est votre spécialité ? = Qu'est-ce que vous étudiez ?
당신의 전공은 무엇입니까?
B: J'étudie le français. 저는 프랑스어를 공부하고 있습니다.

❻ 출신 및 국적
A: D'où venez-vous ? = D'où êtes-vous ? 당신은 어디서 왔습니까? (어디 출신입니까?)
B: Je suis de Séoul. 저는 서울 출신입니다.

❼ 언어 구사

A: Quelle langue parlez-vous ? 당신은 어떤 언어를 구사합니까?

B: Je parle un peu anglais. 저는 영어를 조금 합니다.

❽ 성격

A: Êtes-vous actif ou timide ? 당신은 활동적인가요 아니면 내성적인가요?

B: Je suis timide. 저는 내성적입니다.

❾ 키와 몸무게

A: Quelle est votre taille ? = Combien est-ce que vous mesurez ?
키가 얼마인가요?

B: Je mesure 1 mètre 75. 제 키는 1미터 75입니다.

A: Combien est-ce que vous pesez ? = Quel est votre poids ? 몸무게는 얼마인가요?

B: Je pèse 70 kilos. 제 몸무게는 70킬로입니다.

❿ 기타

A: Décrivez votre physionomie. 당신의 외모에 대해 설명해 보세요.

B: J'ai les cheveux noirs, les yeux marron et un petit nez. 제 머리색은 검정이고, 눈은 밤색이고, 제 코는 작습니다.

 **Note**

❶ '~ 나라 출신' 표현

	du Canada. 나는 캐나다 출신이다.
	du Japon. 나는 일본 출신이다.
	de Corée. 나는 한국 출신이다.
Je viens	de France. 나는 프랑스 출신이다.
	de Chine. 나는 중국 출신이다.
	d'Angleterre. 나는 영국 출신이다.
	d'Italie. 나는 이탈리아 출신이다.
	d'Allemagne. 나는 독일 출신이다.
	des États-Unis. 나는 미국 출신이다.

❷ 구사언어 관련 표현

	coréen. 나는 한국어를 한다.
	japonais. 나는 일본어를 한다.
Je parle	chinois. 나는 중국어를 한다.
	allemand. 나는 독일어를 한다.
	espagnol. 나는 스페인어를 한다.

❸ 성격 관련 표현

	actif(ve). 나는 활발하다.
Je suis	amical(e). 나는 다정하다.
	gentil(le). 나는 친절하다.
	sociable. 나는 사교적이다.

❹ 신체 관련 단어 및 표현

머리	tête (f)	목	cou (m)
얼굴	visage (m)	목구멍	gorge (f)
눈 (양쪽)	yeux (m)(pl)	등	dos (m)
눈 (한쪽)	œil (m)	손	main (f)
코	nez (m)	팔	bras (m)
입	bouche (f)	다리	jambe (f)
귀	oreille (f)	발	pied (m)
머리카락	cheveux (m)(pl)	입술	lèvres (f)(pl)

	noirs. 내 머리 색은 검정색이다.
J'ai les cheveux	bruns. 내 머리 색은 갈색이다.
	blonds. 나는 금발 머리이다.

❺ ' ~가 아프다' 관련 표현

avoir + mal + à + 정관사 + 신체	(신체의) ~가 아프다
être + malade	아프다
avoir de la fièvre	열이 나다
attraper un rhume	감기에 걸리다

ex J'ai mal à la tête. 나는 머리가 아프다.
　 Je suis malade. 나는 아파요.
　 Il a de la fièvre. 그는 열이 난다.
　 Elle attrape un rhume. 그녀는 감기에 걸리다.

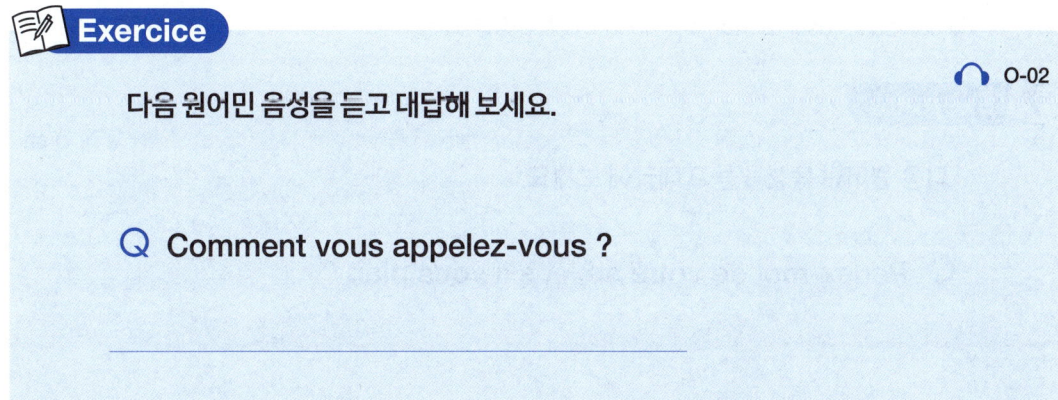

Exercice

다음 원어민 음성을 듣고 대답해 보세요.

🎧 O-02

Q Comment vous appelez-vous ?

_____

❷ 타인 소개 Présenter quelqu'un

❶ 가족 구성원 관련 단어

할아버지	grand-père (m)	할머니	grand-mère (f)
아버지	père (m)	어머니	mère (f)
형, 오빠, 남동생, 형제	frère (m)	누나, 언니, 여동생, 자매	sœur (f)
삼촌	oncle (m)	숙모	tante (f)
남자 사촌	cousin (m)	여자 사촌	cousine (f)
조카	neveu (m)	여자 조카	nièce (f)

❷ 타인 묘사

Elle est assez grande. Elle a les cheveux longs et blonds.
그녀는 키가 큰 편이다. 그녀의 머리카락은 길고 금발이다.

Elle a les yeux bleus. Elle est mince et belle. Elle est jeune.
그녀의 눈은 파란색이다. 그녀는 말랐고 예쁘다. 그녀는 젊다.

Note

타인 소개 표현

❶ Voilà + 이름

   ex Voilà Jean. 여기 이 사람은 정입니다.

❷ C'est + 이름

   ex C'est Jean. 이 사람은 정입니다.

❸ Je vous présente ~ : 저는 당신에게 ~를 소개합니다.

   ex Je vous présente mon ami Jean. 내 친구 정을 소개합니다.

Exercice

다음 원어민 음성을 듣고 대답해 보세요.   🎧 O-03

Q **Parlez-moi de votre amie, s'il vous plaît ?**

_____

예시문제

❶ 자기 소개 Se présenter 🎧 O-04

A: Examinateur(trice) 시험관 B: Candidat(e) 응시자

❶ A: Vous vous appelez comment ? Ça s'écrit comment ?
당신 이름은 무엇입니까? 그것은 어떻게 씁니까?

B: Je m'appelle Misun Park. J'épelle M-I-S-U-N. Et P-A-R-K.
내 이름은 박미선입니다. 이름의 철자는 엠-이-에쓰-위-엔 . 뻬-아-에흐-까입니다.

❷ A: Quelle est votre date de naissance ? 당신의 생년월일은 언제입니까?

B: Le 28 août 2010. 2010년 8월 28일입니다.

❸ A: Êtes-vous actif ou timide ? 당신은 활동적입니까 아니면 소심한 편입니까?

B: Je suis active, et j'aime beaucoup les sports comme le golf, le tennis, ou la natation.
저는 활동적입니다. 그래서 골프, 테니스, 수영과 같은 스포츠를 많이 좋아합니다.

❹ A: Qu'est-ce que vous faites comme métier ? 당신의 직업은 무엇입니까?

B: Je ne travaille pas encore car je suis étudiante.
저는 대학생이기 때문에 아직 일을 하지 않습니다.

❺ A: Décrivez votre physionomie. 당신의 외모를 묘사해 보세요.

B: Je mesure 1m 60. J'ai les cheveux longs et bruns.
저는 키가 160cm입니다. 저는 갈색의 긴 머리카락을 가졌습니다.

J'ai les yeux noirs. Je suis mince. 저는 검은색 눈을 갖고 있습니다. 저는 날씬합니다.

📝 Vocabulaire

s'écrire 쓰다
physionomie (f) 외모
mince 날씬한

date de naissance (f) 생년월일
mesurer 측정하다

sport (m) 스포츠
brun (a) 갈색의

❷ 타인 소개 Présenter quelqu'un

A: Examinateur(trice) 시험관 B: Candidat(e) 응시자

❶ A: Est-ce que vous pouvez parler de votre famille ?
당신의 가족에 대해 말해 줄 수 있을까요?

B: Il y a 4 personnes dans ma famille. Mon père, ma mère, mon petit frère et moi. J'ai aussi un chien. Il s'appelle Toto. Il a 3 ans. Il est joli et sage.
저의 가족은 4명입니다. 아버지, 어머니, 남동생 그리고 저입니다. 그리고 강아지 한 마리도 있습니다. 이름은 또또입니다. 3살입니다. 귀엽고 얌전합니다.

❷ A: Avez-vous des frères et des sœurs ? 당신은 형제자매가 있습니까?

B: Oui, j'ai une sœur. Elle s'appelle Mina. Elle est collégienne.
네, 저는 여자 자매가 있습니다. 그녀의 이름은 미나입니다. 그녀는 중학생입니다.

Vocabulaire

personne (f) 사람   **chien** (m) 개
sage 얌전한   **collégien** (m) 중학생

모의문제

🔍 유형 미리 보기

Répondez aux questions en 1 ou 2 minutes. 질문에 1~2분으로 답해 보세요.　🎧 O-06

> A: Examinateur(trice) 시험관　B: Candidat(e) 응시자
>
> **A:** Bonjour. 안녕하세요.
>
> **B:** Bonjour. 안녕하세요.
>
> **A:** Asseyez-vous. 자리에 앉으세요.
>
> **B:** Merci. 감사합니다.
>
> **A:** Parlez-moi un peu de vous. 간단하게 자기 소개를 해 보세요.
>
> **B:** Oui. Je m'appelle Lee Ji-ho. 네, 제 이름은 이지호입니다.
> Je suis né le 13 mars 2000 à Séoul en Corée.
> 2000년 3월 13일에 대한민국 서울에서 태어났습니다.
>
> Je suis étudiant à l'université Hanguk.
> 저는 한국대학에 다니는 대학생입니다.
>
> **A:** Vous étudiez quoi ? 무엇을 전공합니까?
>
> **B:** J'étudie le français. 프랑스어를 전공하고 있습니다.
>
> **A:** Où habitez-vous ? 어디에 살고 있습니까?
>
> **B:** J'habite à Séoul. 서울에서 살고 있습니다.

Exercice O-07

Répondez aux questions en 1 ou 2 minutes.

A: Examinateur(trice)   B: Candidat(e)

A: Pourquoi apprenez-vous le français ?

Et que voulez-vous devenir dans le futur ?

B: _____

Partie 1-2 | Entretien dirigé 시험관 질문에 대답하기

❶ 하루 일과 Vie quotidienne

▣ 하루 일과 표현

깨어나다	se réveiller	준비하다	se préparer
일어나다	se lever	산책하다	se promener
씻다	se laver	쉬다	se reposer
이를 닦다	se brosser les dents	휴식을 취하다	se détendre
옷을 입다	s'habiller	목욕하다	prendre un bain
잠자리에 들다	se coucher	샤워하다	prendre une douche

ex Je me réveille à 6 heures et je me lave à 6 heures et demie. 나는 6시에 잠에서 깨어 6시 반에 씻는다.

▣ 일상 활동 표현

prendre	le petit-déjeuner (= petit-déjeuner)	아침식사하다
	le déjeuner (= déjeuner)	점심식사하다
	le dîner (= dîner)	저녁식사하다
faire	les courses	장을 보다
	la cuisine	요리를 하다
	la chambre	방을 청소하다
	la vaisselle	설거지를 하다
regarder un film à la télévision TV에서 영화를 보다		

ex Ma mère fait les courses à 17 heures et ma famille prend le dîner à 20 heures en regardant un film à la télévision.
나의 어머니는 저녁 5시에 장을 보고, 나의 가족은 8시에 영화를 보면서 저녁식사를 한다.

Exercice

O-08

다음 원어민 음성을 듣고 대답해 보세요.

Q Que faites-vous avec votre famille le soir ?

_____

❷ 다양한 활동과 여가 생활 Activités et loisirs

■ 다양한 취미

J'aime un peu	les cartes. 나는 카드 놀이를 조금 좋아한다.
J'aime beaucoup	les jeux en ligne. 나는 온라인 게임을 매우 좋아한다.
J'adore	les jeux vidéo. 나는 비디오 게임을 열렬히 좋아한다.
Je n'aime pas du tout	le sport. 나는 운동을 전혀 좋아하지 않는다.
Je déteste	la musique. 나는 음악을 싫어한다.

ex A: Quels sont vos loisirs ? 당신의 취미는 무엇인가요?

B: J'aime le sport et la lecture. 나는 운동과 독서를 좋아합니다.

◘ 다양한 활동 1

Je fais	du football.	나는 축구를 한다.
	de la natation.	나는 수영을 한다.
Je joue	au tennis.	나는 테니스를 친다.
	aux dés.	나는 주사위 놀이를 한다.
Je joue	du piano.	나는 피아노를 연주한다.
	de la guitare.	나는 기타를 연주한다.

◘ 다양한 활동 2

J'aime aller	à la montagne.	나는 산에 가는 것을 좋아한다.
	à la mer.	나는 바다에 가는 것을 좋아한다.
	à la plage.	나는 해변에 가는 것을 좋아한다.
	au musée.	나는 박물관에 가는 것을 좋아한다.
	au théâtre.	나는 (연극) 극장에 가는 것을 좋아한다.

ex A: Vous aimez aller au cinéma ? 당신은 영화관에 가는 것을 좋아합니까?

B: Oui, j'aime bien. 네, 아주 좋아합니다.

◀ 다양한 활동 3

Je visite un musée	une fois par semaine. 나는 박물관을 일주일에 한 번 방문한다.
	une fois par mois. 나는 박물관을 한 달에 한 번 방문한다.
	une fois par an. 나는 박물관을 일 년에 한 번 방문한다.
	toutes les deux semaines. 나는 박물관을 2주마다 방문한다.
Je regarde la télévision tous les jours. 나는 매일 TV를 본다.	
Je regarde la télévision de temps en temps. 나는 TV를 가끔 본다.	

ex A: Est-ce que vous allez au théâtre ? 당신은 연극 보러 갑니까?
　　B: Oui, j'y vais souvent. 네, 거기에 자주 갑니다.

◀ 국가명 표현 (전치사와 함께 쓰일 때)

~에서	en + 여성 국가명/ 모음으로 시작하는 남성 국가명	en Corée en France
	au + 남성 국가명	au Canada au Japon
	aux + 복수 국가명	aux États-Unis
~로부터	de + 여성 국가명 모음으로 시작하는 남성 국가명	de Corée de France
	du + 남성 국가명	du Canada du Japon
	des + 복수 국가명	des États-Unis

ex Je pars en France cet été pour étudier le français. 나는 이번 여름에 프랑스어를 공부하러 프랑스에 간다.

휴가 활동 관련 예시문

Pendant les vacances, je veux quitter la ville et voir des paysages verts.
J'aime me promener le long des rivières.
바캉스 동안, 나는 도시를 떠나 초록 경치를 보러 나가고 싶다.
나는 긴 강을 따라 산책하는 것을 좋아한다.

Moi, j'aime me reposer à la plage. Je veux lire et dormir.
Pour moi, c'est ça les vacances.
나는 해변에서 쉬는 것을 좋아한다. 책을 읽고 자고 싶다.
내게 바캉스란 이런 것이다.

O-09

다음 원어민 음성을 듣고 대답해 보세요.

Q Quel est votre passe-temps ?

_____

예시문제

1 하루 일과 Vie quotidienne O-10

A: Examinateur(trice) 시험관 B: Candidat(e) 응시자

A: Habituellement, comment passez-vous vos soirées ?
당신은 보통 저녁 시간을 어떻게 보내십니까?

> **B: Normalement, je regarde la télé le soir avec ma famille. S'il fait beau, je pars en ville ou je vais me promener dans un parc avec mon chien.**
> 저녁에는 보통 가족과 함께 TV를 봅니다. 날씨가 좋으면, 시내에 나가거나 개와 함께 공원을 산책합니다.

* 위의 예시문을 활용하여 연습해 보세요.

B:

📝 Vocabulaire

habituellement 습관적으로	**passer la soirée** 저녁 시간을 보내다
normalement 일반적으로	**il fait beau** 날씨가 좋다
partir en ville 시내에 나가다	**se promener** 산책하다

❷ 다양한 활동 Activités

A: Examinateur(trice) 시험관 B: Candidat(e) 응시자

A: Qu'avez-vous fait samedi dernier ?
당신은 지난 토요일에 무엇을 했습니까?

> **B**: Je me suis levé(e) très tard, je suis resté(e) chez moi l'après-midi pour me reposer un peu. J'ai regardé la télévision et j'ai lu un roman.
>
> 저는 매우 늦게 일어났습니다. 오후에는 휴식을 좀 취하기 위해 집에 있었습니다. TV를 보고 소설책을 읽었습니다.

* 위의 예시문을 활용하여 연습해 보세요.

B:

📝 Vocabulaire

se lever 일어나다	tard 늦게
après-midi (m) 오후	se reposer 쉬다
lire 읽다	roman (m) 소설
ensuite 이어서	

❸ 여가 생활 Loisirs 🎧 O-12

A: Examinateur(trice) 시험관   B: Candidat(e) 응시자

A: Décrivez vos loisirs préférés.
당신이 선호하는 여가 활동을 묘사해 보세요.

> **B:** J'aime bien aller au cinéma avec mes amis. J'y vais toutes les semaines. Et j'aime bien aussi faire du sport. Je joue au tennis tous les jours et je fais du fitness une fois par semaine.
>
> 나는 친구들과 영화관에 가는 것을 좋아합니다. 매주 영화관에 갑니다. 나는 운동하는 것도 좋아합니다. 매일 테니스를 치고 일주일에 한 번은 헬스를 합니다.

* 위의 예시문을 활용하여 연습해 보세요.

B:

 Vocabulaire

aimer +inf ~하는 것을 좋아하다	aller au cinéma 영화관에 가다
toutes les semaines 매주	faire du sport 운동을 하다
jouer au tennis 테니스를 치다	tous les jours 매일매일
faire du fitness 헬스를 하다	une fois par semaine 일주일에 한 번

4 여행 Voyages 🎧 O-13

A: Examinateur(trice) 시험관   B: Candidat(e) 응시자

A: Quel est le voyage de vos rêves ?
당신이 꿈꾸는 여행은 무엇입니까?

> **B: J'aimerais visiter Paris. Il y a beaucoup de choses à voir comme le musée du Louvre, la Tour Eiffel, ou encore l'Arc de Triomphe. Et j'aimerais acheter quelques souvenirs sur les Champs-Élysées, et aussi monter sur un bateau-mouche sur la Seine.**
>
> 나는 파리를 방문하고 싶습니다. 거기에는 루브르 박물관, 에펠탑, 개선문 등과 같이 볼 것이 많이 있습니다. 그리고 나는 샹젤리제 거리에서 기념품들도 사고 싶습니다. 또한 센 강에서 유람선도 타고 싶습니다.

* 위의 예시문을 활용하여 연습해 보세요.

B:

📝 Vocabulaire

j'aimerais +inf 나는 ~하고 싶다	visiter 방문하다	il y a ~가 있다
voir 보다	comme ~따위의, ~같은	souvenir (m) 기념품
monter 오르다	bateau-mouche (m) 유람선	

 모의문제

유형 미리 보기  O-14

Répondez aux questions en 1 ou 2 minutes. 질문에 1~2분으로 대답해 보세요.

A: Examinateur(trice) 시험관 B: Candidat(e) 응시자

A: Parlez-moi d'une journée habituelle. 일상적인 하루에 대해 말해 보세요.

B: Le jeudi, je me réveille à 6 heures. D'abord, je prends une douche et je m'habille. Ensuite je prends mon petit-déjeuner. À 7 heures et demie, je prends le bus pour aller à l'université. J'ai un cours de français à 9 heures. Ensuite, je déjeune au restaurant universitaire avec mes amis. À 14 heures, je suis un cours de danse jusqu'à 17 heures. Et je fais mes devoirs à la bibliothèque jusqu'à 19 h 30. Après je rentre à la maison, je me couche vers 23 heures.

나는 목요일마다 6시에 잠에서 깹니다. 우선 샤워를 하고 옷을 입습니다. 그런 다음 아침을 먹습니다. 7시 30분에 학교에 가려고 버스를 탑니다. 나는 9시에 프랑스어 수업이 있습니다. 그러고 나서 친구들과 대학 구내 식당에서 점심을 먹습니다. 무용 수업은 14시에 시작하여 17시까지 있습니다. 그리고 19시 30분까지 도서관에서 과제를 합니다. 이후 집에 돌아와서 23시경에 잠자리에 듭니다.

Exercice  O-15

Répondez aux questions en 1 ou 2 minutes.

A: Examinateur(trice) B: Candidat(e)

A: Vous avez une soirée libre. Qu'est-ce que vous allez faire ?

B: _____

Partie 2 — Échange d'informations 주어진 단어로 질문하기

 단어 카드 Cartes-Mots

나, 가족, 친구들

Nom (m)	Quel est votre nom ? = Comment vous appelez-vous ? 당신의 이름은 무엇입니까? Épelez votre nom, s'il vous plaît. 당신 이름의 철자를 말해 주세요.
Famille (f)	Avez-vous des frères et sœurs ? 당신은 형제자매가 있습니까? Êtes-vous célibataire (marié(e)) ? 당신은 독신(기혼자)입니까?
Profession (f)	Quelle est votre profession ? 당신의 직업은 무엇입니까? Qu'est-ce que vous faites dans la vie ? 당신은 무슨 일을 하십니까?
Âge (m)	Quel âge avez-vous ? 당신은 몇 살입니까? Quelle est votre date de naissance ? 당신의 생일은 언제입니까?
Amis (m)(pl)	Avez-vous des amis français ? 당신은 프랑스 친구가 있습니까? Avez-vous beaucoup de copains ? 당신은 친구가 많습니까?
Nationalité (f)	Quelle est votre nationalité ? 당신의 국적은 무엇입니까? D'où venez-vous ? 당신은 어디에서 왔습니까?
Sports (m)(pl)	Quel sport aimez-vous ? 당신은 어떤 운동을 좋아합니까? Savez-vous faire du golf ? 당신은 골프를 할 수 있습니까?

❒ 거주/도시

Ville (f) / Campagne (f)	Aimeriez-vous vivre en ville ou à la campagne ? 당신은 도시에서 살고 싶습니까 아니면 시골에서 살고 싶습니까? Aimez-vous la ville où vous habitez ? 당신이 살고 있는 도시를 좋아합니까?
Maison (f) / Chambre (f)	Où se trouve votre maison ? 당신 집은 어디에 있습니까? Combien de chambres y a-t-il chez vous ? 당신 집에는 방이 몇 개 있습니까?
Moyen de transport (m)	Y a-t-il une station de métro à côté de votre maison ? 당신의 집 앞에 지하철 역이 있습니까? Quel moyen de transport préférez-vous ? 당신은 어떤 교통수단을 좋아합니까?
Quartier (m) / Centre-ville (m)	Qu'est-ce qu'il y a dans votre quartier ? 당신 동네에는 무엇이 있습니까? Le centre-ville est-il loin de chez vous ? 도심은 당신 집에서 멉니까?

❒ 여가 활동과 취미

Spectacle (m) / Concert (m)	Pouvez-vous me recommander un bon spectacle ? 좋은 공연을 알려주시겠습니까? Allez-vous voir des concerts de temps en temps ? 당신은 가끔 콘서트를 보러 갑니까?
Cinéma (m) / Lecture (f)	Aimez-vous regarder des films ? 당신은 영화 감상을 좋아합니까? Lisez-vous souvent des romans ? 당신은 자주 소설을 읽습니까?
Télévision (f) / Internet (m)	Quel genre de programme regardez-vous à la télé ? 당신은 TV에서 어떤 종류의 프로그램을 시청합니까? Passez-vous beaucoup de temps sur Internet ? 당신은 인터넷에서 많은 시간을 보냅니까?

Animal (m)	Préférez-vous les chiens ou les chats ? 개와 고양이 중 어느 동물을 더 좋아합니까? Avez-vous un chien ? 당신은 강아지를 기릅니까?
Musique (f) / Instrument (m)	Aimez-vous écouter de la musique ? 당신은 음악 감상을 좋아합니까? Savez-vous jouer d'un instrument ? 당신은 음악을 연주할 줄 압니까?

🔊 일상생활

Emploi du temps (m)	Quand est-ce que vous êtes libre ? 당신은 언제 한가합니까? Quel est votre emploi du temps ? 당신의 일정은 어떻습니까?
Sortir	Est-ce que vous sortez souvent le week-end ? 당신은 주말에 자주 외출합니까? À quelle heure allez-vous sortir ? 당신은 몇 시에 외출할 것입니까?
Se lever/ Se coucher	À quelle heure vous levez-vous ? 당신은 몇 시에 일어납니까? À quelle heure vous couchez-vous ? 당신은 몇 시에 잠자리에 듭니까?
Repas (m)	À quelle heure prenez-vous le petit-déjeuner ? 몇 시에 아침식사를 합니까? Qui prépare le repas ? 누가 식사 준비를 합니까?
Travailler	Travaillez-vous le week-end ? 당신은 주말에 일을 합니까? Combien d'heures par jour travaillez-vous ? 당신은 하루에 몇 시간 일을 합니까?

ㅁ 휴가

Restaurant (m)	Allez-vous souvent au restaurant en famille ? 당신은 가족과 함께 자주 레스토랑에 갑니까? Quel type de plats avez-vous l'habitude de choisir au restaurant ? 당신은 주로 레스토랑에서 어떤 메뉴를 고릅니까?
Camping (m)	Pouvez-vous me dire où se trouve le terrain de camping ? 야영장이 어디에 있습니까? Dans quel endroit préférez-vous faire du camping ? 당신이 캠핑하기 좋아하는 장소는 어디입니까?
Saison (f)	Quelle est votre saison favorite ? 당신은 어떤 계절을 좋아합니까? Préférez-vous l'été ou l'hiver ? 당신은 여름을 좋아합니까 아니면 겨울을 좋아합니까?
Voyage (m)	Aimez-vous les voyages en groupe ? 당신은 단체로 여행하는 것을 좋아합니까? Préférez-vous voyager en voiture ou en train ? 당신은 자동차 아니면 기차로 여행하는 것을 선호합니까?
Vacances (f)(pl)	Où avez-vous passé les vacances d'été ? 당신은 어디서 여름 휴가를 보냈습니까? Qu'est-ce que vous faites pendant les vacances d'hiver ? 당신은 겨울방학 동안 무엇을 합니까?

 **Exercice**

 O-16

다음 6개의 단어와 관련된 질문을 각각 만들어 보세요.

1	2	3	4	5	6
Manger	Voyager	Train	Fête	Rendez-vous	Congé

1 _____

2 _____

3 _____

4 _____

5 _____

6 _____

예시문제

1 À partir des mots qui sont sur les cartes, vous posez des questions à l'examinateur.
카드에 적힌 단어를 가지고 시험관에게 질문해 보세요.

🎧 O-17

A	B	C	D	E	F
Collège	Cadeau	Heure	Métier	Téléphone	Chanteur

A Est-ce qu'il y a un collège près d'ici ? 여기 가까이에 중학교가 있습니까?

B Qu'est-ce que vous avez acheté comme cadeau ? 당신은 선물로 무엇을 샀습니까?

C À quelle heure dînez-vous ? 몇 시에 저녁식사를 합니까?

D Quel est votre métier ? 당신의 직업은 무엇입니까?

E Quel est votre numéro de téléphone ? 당신 전화번호는 무엇입니까?

F Quel est votre chanteur préféré ? 당신이 선호하는 가수는 누구입니까?

📝 **Vocabulaire**

acheter 사다
préférer 선호하다
numéro (m) 번호

2 À partir des mots qui sont sur les cartes, vous posez des questions à l'examinateur.
   카드에 적힌 단어를 가지고 시험관에게 질문해 보세요.

🎧 O-18

A	B	C	D	E	F
Saison	Sœur	Lieu de travail	Partir	Acteur	Animaux

A   **Quelle est votre saison favorite ?** 당신이 좋아하는 계절은 언제입니까?

B   **Quel âge a votre sœur ?** 당신의 여동생은 몇 살입니까?

C   **Où est-ce que vous travaillez ?** 당신은 어디서 일합니까?

D   **Partez-vous souvent en vacances ?** 당신은 자주 바캉스를 떠납니까?

E   **Quel est votre acteur préféré ?** 당신이 선호하는 배우는 누구입니까?

F   **Est-ce que vous avez des animaux domestiques ?** 당신은 반려동물이 있습니까?

📝 Vocabulaire

favori(te) 좋아하는   travailler 일하다
souvent 자주   animal domestique (m) 반려동물

모의문제

🔍 유형 미리 보기 🎧 O-19

À partir des mots qui sont sur les cartes, vous posez des questions à l'examinateur.
카드에 적힌 단어를 가지고 시험관에게 질문해 보세요.

1	2	3	4	5	6
Livre	Famille	Métro	Petit-déjeuner	Chambre	Écouter

1 **Lisez-vous souvent des livres ?**
   당신은 책을 자주 읽습니까?

2 **Combien de personnes avez-vous dans votre famille ?**
   당신은 가족이 몇 명입니까?

3 **Y a-t-il une station de métro près de chez vous ?**
   당신 집 근처에 지하철 역이 있습니까?

4 **À quelle heure prenez-vous le petit-déjeuner ?**
   당신은 몇 시에 아침식사를 합니까?

5 **Qu'est-ce qu'il y a dans votre chambre ?**
   당신 방에는 무엇이 있습니까?

6 **Aimez-vous écouter de la musique ?**
   당신은 음악 듣는 것을 좋아합니까?

Exercice  O-20

À partir des cartes, posez des questions à l'examinateur :
(Echange d'informations, 2 minutes environ)

1	2	3	4	5	6
Lunettes	Classe	Université	Légume	Ordinateur	Bibliothèque

1 _____

2 _____

3 _____

4 _____

5 _____

6 _____

Partie 3 | Dialogue simulé 시뮬레이션 대화

❶ 물건 사기 Acheter

의류, 신발, 야채, 과일 관련 단어

의류 vêtement (m)		신발 chaussures (f)(pl)	
잠바	blouson (m)	부츠	bottes (f)(pl)
치마	jupe (f)	샌들	sandales (f)(pl)
셔츠	chemise (f)	(단화식) 구두	souliers (m)(pl)
조끼/카디건	gilet (m)	운동화	baskets (f)(pl)
청바지	jean (m)	과일 fruit (m)	
외투	manteau (m)	살구	abricot (m)
바지	pantalon (m)	파인애플	ananas (m)
스웨터	pull (m)	바나나	banane (f)
원피스	robe (f)	레몬	citron (m)
짧은 반바지	short (m)	딸기	fraise (f)
티셔츠	T-shirt (m)	키위	kiwi (m)
야채 légume (m)		오렌지	orange (f)
가지	aubergine (f)	수박	pastèque (f)
오이	concombre (m)	복숭아	pêche (f)
호박	courgette (f)	배	poire (f)
양파	oignon (m)	사과	pomme (f)
파	poireau (m)	포도	raisin (m)
감자	pomme de terre (f)	멜론	melon (m)

쇼핑 관련 표현

❶ 점원이 손님을 맞이할 때

Que désirez-vous ? = Qu'est-ce que vous désirez ? = Que cherchez-vous ?
무엇을 찾으십니까?

Puis-je vous aider ? 도와드릴까요?

❷ 점원이나 상인을 부를 때

(남성일 때) Monsieur ! / (여성일 때) Madame !

S'il vous plaît ! 여기요!

❸ 원하는 것을 말할 때

Je voudrais un pantalon. = J'aimerais acheter un pantalon. 바지를 원합니다.

Donnez-moi un kilo de pommes, s'il vous plaît. 사과 1킬로 주세요.

Est-ce que vous avez des carottes ? 당근 있습니까?

물건을 권할 때의 수락과 거절 표현

❶ 수락할 때

Oui, ça me plaît beaucoup. 네, 무척 마음에 듭니다.

D'accord, je vais le prendre. 좋아요, 이것으로 살게요.

❷ 거절/결정을 연기하고자 할 때

Ça ne me plaît pas. 마음에 들지 않습니다.

Je vais réfléchir. 생각해 보겠습니다.

Je reviendrai. 다시 들르겠습니다.

기타 표현

❶ 치수 묻고 대답할 때

A: Quelle taille faites-vous ? 어떤 치수를 입습니까?

B: Je fais du 36. 36사이즈를 입습니다.

A: Quelle pointure faites-vous ? (신발) 어떤 치수를 신습니까?

B: Je chausse du 37. 제 신발 치수는 37입니다.

❷ 착용 여부를 묻고 대답할 때

A: Puis-je essayer ? 입어볼 수 있습니까?

B: Oui, bien sûr. 물론입니다.

❸ 옷이 맘에 드는지 묻고 대답할 때

A: Cela vous va-t-il ? 당신에게 어울립니까?

B: Ça me va bien. 제게 잘 어울립니다.

B: Ça ne me va pas bien. 저에게 잘 어울리지 않습니다.

B: Ça me serre un peu. 약간 작습니다.

❹ 계산할 때

Acceptez-vous la carte bleue (les chèques) ? 신용카드(개인수표) 받습니까?

예시문제

❶ 옷 가게 Magasin de vêtements 　　🎧 O-21

A: Examinateur(trice) 시험관　B: Candidat(e) 응시자

A: Bonjour. 안녕하세요.
B: Bonjour. Je voudrais acheter une jupe. 안녕하세요. 치마 하나를 사고 싶은데요.
A: Oui, prenez votre temps ! 네, 천천히 보세요.
B: La jupe qui est dans la vitrine est jolie. 진열대에 있는 치마가 예쁘네요.
　　Est-ce que je peux l'essayer ? 입어볼 수 있을까요?
A: Oui, bien sûr. Quelle taille faites-vous ? 네, 물론이죠. 사이즈가 어떻게 됩니까?
B: Je fais du 36. 36입니다.
A: D'accord. Les cabines sont au fond. 알겠습니다. 탈의실은 저쪽 끝에 있습니다.
　　(Quelques minutes après. 몇 분이 흐른 뒤)
A: Alors, ça vous plaît ? 자, 맘에 드시나요?
B: Oui, ça me plaît beaucoup. 네. 아주 맘에 들어요.
　　Je la prends. Elle coûte combien ? 이걸로 살게요. 얼마죠?
A: Elle coûte 60 euros. 60유로입니다.
B: Acceptez-vous la carte de crédit ? 신용카드 받나요?
A: Oui, bien sûr. 네, 물론이지요.
B: Merci. 고맙습니다.
A: Au revoir, bon après-midi. 안녕히 가십시오. 좋은 오후 되세요.

📝 Vocabulaire

jupe (f) 치마
vitrine (f) 진열장, 쇼윈도
au fond 안, 안쪽, 깊숙한 곳
plaire à qn …의 마음에 들다
carte de crédit (f) 신용카드

essayer (맞는지) 입어(신어)보다
cabine (f) (특정 용도의) 작은 공간, (옷가게의) 옷 입어보는 곳
taille (f) (옷의) 크기, 사이즈
accepter 수락하다, 받아들이다

❷ 신발 가게 Magasin de chaussures 🎧 O-22

A: Examinateur(trice) 시험관 B: Candidat(e) 응시자

A: Bonjour. 안녕하세요.

Candidat B: Bonjour, pouvez-vous m'aider ? 안녕하세요, 저 좀 도와주실 수 있어요?

A: Oui, qu'est-ce que vous voulez ? 네, 무엇을 원하세요?

Candidat B: Je voudrais acheter une paire de chaussures. 저는 신발 한 켤레를 사고 싶어요.

A: Alors, je vous conseille des baskets. Venez par ici. Les voici.
그러면 운동화를 추천해 드릴게요. 이쪽으로 오세요. 여기 운동화들입니다.

Candidat B: Je peux les essayer ? 신어볼 수 있을까요?

A: Bien sûr. Quelle pointure faites-vous ? 물론이죠. 신발 사이즈가 어떻게 되나요?

Candidat B: Je fais du 37. 37입니다.

A: Tenez, essayez-les. 여기 있습니다. 신어 보세요.

Candidat B: C'est parfait. C'est combien ? 좋습니다. 얼마죠?

A: C'est 200 euros. 200유로입니다.

Candidat B: Ah bon, c'est trop cher pour moi. Vous pouvez me faire une petite réduction ?
아, 그래요, 제겐 많이 비싸네요. 좀 깎아주실 수 있어요?

A: Je peux vous faire une réduction de 5%, mais pas plus.
5퍼센트 깎아드릴 수 있지만 그 이상은 안 됩니다.

Candidat B: Merci beaucoup. 정말 감사합니다.

📝 Vocabulaire

paire de chaussures (f) 신발 한 켤레
conseiller à qn qqch …에게 ~을 조언하다
pointure (f) (신발) 사이즈
C'est parfait. 좋다 (감탄 표현)
réduction (f) 가격 할인

partir en voyage 여행을 떠나다
baskets (f) (끈 매는) 운동화
Tenez (주위의 환기, 물건을 건네줄 때) 이봐, 여보시오, 자
cher 비싼
Bon voyage! 좋은 여행 되세요!

❸ 채소·과일 가게 Magasin de fruits et légumes  O-23

A: Examinateur(trice) 시험관 B: Candidat(e) 응시자

 A: Bonjour, madame. Que désirez-vous ? 안녕하세요, 부인. 무엇을 원하세요?

Candidat B: Tout d'abord, trois kilos de pommes de terre, s'il vous plaît. 우선, 감자 3킬로 주세요.

 A: Voilà trois kilos. Ça fait 5,40 euros. Et avec ceci ?
여기 3킬로 있어요. 5.40유로입니다. 그리고요?

Candidat B: Les tomates sont très mûres. C'est combien ? 토마토가 잘 익었네요. 얼마입니까?

 A: 1,60 euro le kilo. 킬로에 1.60유로입니다.

Candidat B: 500g, s'il vous plaît. 500그램 주세요.

 **A:** Les voici. Avez-vous besoin d'autre chose ? 여기 있습니다. 다른 것이 더 필요하신가요?

Candidat B: Les oranges sont belles aujourd'hui. Pouvez-vous m'en donner un kilo ?
오늘 오렌지가 좋네요. 1킬로 주시겠어요?

 A: Voilà, un kilo. C'est 4,50 euros. Et avec ça ? 여기 1킬로 있습니다. 4.50유로입니다. 그리고요?

Candidat B: Ce sera tout. Ça fait combien ? 그게 다예요. 얼마죠?

 A: Ça fait 10,70 euros s'il vous plaît. 10.70유로입니다.

Candidat B: Voilà, au revoir. 여기 있습니다. 안녕히 계세요.

 A: Merci, au revoir. 감사합니다, 안녕히 가세요.

 Vocabulaire

tout d'abord 우선, 먼저
Et avec ça ? 그리고 다른 것은요?
avoir besoin de qqch ~이 필요하다

pomme de terre (f) 감자
mûr(e) (과일이) 익은, 여문
Ça fait combien ? 총 얼마인가요?

 모의문제

유형 미리 보기 O-24

Vous allez simuler la situation suivante. 다음 상황을 시뮬레이션해 보세요.

Vendeur(euse): Examinateur(trice) / Client(e): Candidat(e)
판매원: 시험관 / 손님: 응시자

Vous entrez dans un magasin de vêtements. Vous voulez acheter un pull. Faites le dialogue.
당신은 옷가게에 들어갑니다. 당신은 스웨터를 사고 싶습니다. 대화를 만들어 보세요.

V: Vous cherchez quelque chose, madame ? 찾으시는 것 있습니까?

C: Oui, je voudrais essayer ce pull. 네, 이 스웨터를 입어보고 싶어요.

V: Votre taille, madame ? 치수가 어떻게 되나요?

C: Je fais du 34. 34입니다.

V: Voilà. Il y a une cabine là-bas pour essayer. 여기 있습니다. 저쪽에 탈의실이 있습니다.

C: Merci. 고맙습니다.

(Plus tard 잠시 후)

V: Tout va bien ? 괜찮으신가요?

C: Oui, ça me plaît beaucoup. Pouvez-vous me faire une réduction ?
네, 아주 맘에 들어요. 할인을 해줄 수 있나요?

V: Non, ici, on ne fait pas de réduction. 안 됩니다. 이곳은 정찰제 판매입니다.

C: D'accord. Je le prends. Acceptez-vous les cartes de crédit ?
알겠습니다. 이것을 사겠습니다. 신용카드 받지요?

V: Oui, bien sûr. 물론입니다.

Exercice 1 🎧 O-25

Vous voulez acheter des fruits et des légumes au marché. Faites le dialogue.
(Dialogue Simulé, 2 minutes environ)

Marchand(e): Examinateur(trice) / Client(e): Candidat(e)

M:

C:

M:

C:

M:

C:

M:

C:

Exercice 2 O-26

Vous voulez organiser un petit-déjeuner français avec vos amis. Vous allez à la boulangerie pour acheter des pâtisseries. Faites le dialogue.
(Dialogue Simulé, 2 minutes environ)

Vendeur/Vendeuse: Examinateur(trice) / Client(e): Candidat(e)

V: _____

C: _____

V: _____

C: _____

V: _____

C: _____

V: _____

C: _____

 예매하기 Réserver

기차, 비행기, 공항 관련 단어

표	billet (m)	매표소	guichet (m)
입구	entrée (f)	출구	sortie (f)
대합실	salle d'attente (f)	플랫폼	quai (m)
선로	voie (f)	편도	aller simple (m)
왕복	aller-retour (m)	출발	départ (m)
도착	arrivée (f)	금연구역	zone non-fumeurs (f)
종점	terminus (m)	식당차	wagon-restaurant (m) = voiture restaurant (f)

좌석	place (f)	비행편	vol (m)
일등석	première classe	이등석	classe économique
이륙하다	décoller	탑승구	porte d'embarquement (f)
탑승카드	carte d'embarquement (f)	여권	passeport (m)
비자	visa (m)	짐	bagage (m)

교통수단 표현

Je vais en Europe en avion. 나는 비행기로 유럽에 간다.

Je vais en France en train. 나는 기차로 유럽에 간다.

Je vais à l'école à pied. 나는 걸어서 학교에 간다.

ⓓ 기타 표현

Où se trouvent les toilettes ? 화장실이 어디 있습니까?

Où se trouve le bureau des renseignements ? 안내소가 어디 있습니까?

À quelle heure arrive-t-il ? 몇 시에 도착합니까?

À quelle heure part-il ? 몇 시에 출발합니까?

Quand y a-t-il un avion pour Nice ? 니스행 비행기는 언제 있습니까?

Je voudrais réserver une place dans le train pour Paris. 파리행 기차 좌석을 예약하고 싶습니다.

Je voudrais un billet pour Lyon. 리옹행 표 1장 주세요.

Combien coûte un billet première classe ? 일등석은 얼마입니까?

Combien coûte un billet deuxième classe ? 이등석은 얼마입니까?

 예시문제

1 기차 Train 🎧 O-27

A: Examinateur(trice) 시험관 B: Candidat(e) 응시자

A: Bonjour. 안녕하세요.

B: Bonjour, je voudrais deux billets pour Paris, s'il vous plaît.
안녕하세요. 파리행 표 2장 부탁드립니다.

A: Oui. À quelle heure voulez-vous partir ?
알겠습니다. 몇 시에 출발하길 원하십니까?

B: À 8 heures 30. 8시 30분이요.

A: D'accord. Aller simple ou aller-retour ?
알겠습니다. 편도입니까 아니면 왕복입니까?

B: Deux allers simples, s'il vous plaît. 2장 편도입니다.

A: 1ère ou 2ème classe ? 일등석이에요, 이등석이에요?

B: Seconde classe, s'il vous plaît. On arrive à quelle heure ?
이등석으로 주세요. 몇 시에 도착합니까?

A: À 11 heures 45. 11시 45분이요.

B: C'est bien. Combien ça coûte ? 아주 좋습니다. 얼마입니까?

A: 90 euros. 90유로입니다.

B: Voilà. Et sur quel quai faut-il attendre ?
여기 있습니다. 그리고 몇 번 플랫폼에서 기다려야 합니까?

A: Sur le quai numéro 9. 9번 플랫폼입니다.

B: Merci, au revoir. 고맙습니다. 안녕히 계세요.

A: Au revoir, bon voyage. 안녕히 가세요, 좋은 여행 되세요.

📝 Vocabulaire

billet (m) (철도, 극장, 복권 따위의) 표 **aller simple** (m) 편도 **aller-retour** (m) 왕복
première classe (f) 일등석 **seconde/deuxième classe** (f) 이등석
attendre 기다리다 **quai** (m) 플랫폼 **il faut+inf** ⋯해야만 한다

❷ 비행기 Avion 🎧 O-28

A: Examinateur(trice) 시험관 B: Candidat(e) 응시자

A: Qu'est-ce que vous désirez ? 무엇을 원하십니까?

Candidat **B:** Je voudrais réserver un billet aller-retour Séoul-Paris.
서울-파리행 왕복 티켓을 예약하고 싶습니다.

A: Quand voulez-vous partir ? 언제 떠나실 건가요?

Candidat **B:** Je voudrais partir le 7 juin. 6월 7일입니다.

A: D'accord. Et quand voulez-vous revenir ?
알겠습니다. 그리고 언제 돌아올 겁니까?

Candidat **B:** le 7 décembre. 12월 7일입니다.

A: D'accord. Je vous fais la réservation du vol Air France 701 pour 13 h 30.
알겠습니다. 에어프랑스 701편 1시 30분 비행기를 예약해 드리겠습니다.

Candidat **B:** Merci. Je peux payer par carte de crédit ?
고맙습니다. 신용카드로 지불해도 됩니까?

A: Bien sûr. 물론입니다.

Candidat **B:** Est-il possible de changer la date de retour ?
돌아오는 날짜를 변경할 수 있습니까?

A: Oui, votre billet est valable pendant 1 an.
물론입니다. 이 표는 1년간 유효한 표입니다.

Candidat **B:** Très bien. 좋습니다.

Vocabulaire

réserver 예약하다
faire une réservation (표를) 예약하다
changer 바꾸다, 교체하다
valable 유효한, 효력이 있는
il est possible de + inf ~하는 것이 가능하다

revenir 돌아오다
vol (m) 비행, 비행편   payer 지불하다
date de retour (f) 돌아오는 날짜
pendant ~하는 동안

모의문제

🔍 유형 미리 보기   🎧 O-29

Vous allez simuler la situation suivante. 다음 상황을 시뮬레이션해 보세요.

Employé(e): Examinateur(trice) / Client(e): Candidat(e)
직원: 시험관 / 손님: 응시자

Vous voulez aller à Paris pour voir votre ami(e). Vous allez à la gare et vous demandez les horaires. Faites le dialogue.
당신은 친구를 보러 파리에 가고자 합니다. 당신은 역에 가서 시간표를 물어 봅니다. 대화를 만들어 보세요.

C: Bonjour ! Je voudrais aller à Paris. À quelle heure est-ce qu'il y a un train, s'il vous plaît ? 안녕하세요! 파리에 가려고 합니다. 몇 시에 기차가 있습니까?

E: Il y a un train pour Paris à 14 h, arrivée 18 h.
14시에 파리행 기차가 있고, 18시 도착입니다.

C: Est-ce que je dois changer de train ? 갈아타야 합니까?

E: Non, c'est un direct. 아니요, 직행입니다.

C: D'accord. Ah, j'ai encore une question. À quelle heure part le dernier train pour Paris ?
알겠습니다. 아, 물어볼 것이 또 있습니다. 파리행 마지막 기차는 몇 시에 떠납니까?

E: Le dernier est à 20 h 30. 마지막은 20시 30분입니다.

C: Et le premier train ? 그러면 첫 기차는요?

E: Le premier train pour Paris part à 4 h 40. Tenez, voici un horaire.
파리행 첫 기차는 4시 40분에 떠납니다. 자, 여기 시간표가 있습니다.

C: Merci. 고맙습니다.

E: De rien. 별말씀을요.

Exercice 🎧 O-30

Vous voulez visiter la France avec votre amie pendant les vacances d'été. Vous vous rendez dans une agence de voyage pour réserver les billets d'avion. Faites le dialogue. (Dialogue Simulé, 2 minutes environ)

Employé(e): Examinateur(trice) / Client(e): Candidat(e)

E:

C:

E:

C:

E:

C:

E:

C:

❸ 주문하기 Commander

■ 음식점 관련 단어

고기 viande (f)		고기 익힘 정도 cuisson (f)	
소고기	bœuf (m)	살짝 익힘	bleu
돼지고기	porc (m)	피가 있을 정도 익힘	saignant
닭고기	poulet (m)	적당히 익힘	à point
구운고기	rôti (m)	바짝 익힘	bien cuit
음식 nourriture (f) / 양념 épice (f)		식기류 vaisselle (f)	
스파게티	spaghettis (m)(pl)	접시	assiette (f)
오믈렛	omelette (f)	포크	fourchette (f)
훈제연어	saumon fumé (m)	나이프	couteau (m)
후추	poivre (m)	숟가락	cuillère (f)
버터	beurre (m)	유리컵	verre (m)
식초	vinaigre (m)	쟁반	plateau (m)
소금	sel (m)	냅킨	serviette (f)
설탕	sucre (m)	물병	carafe (f)

■ 주문·자리 관련 표현

주문받을 때	Que désirez-vous comme entrée ? 전채요리로 무엇을 드시겠습니까? Qu'est-ce que vous voulez comme viande ? 고기는 어떤 것으로 하겠습니까? Qu'est-ce que vous prenez comme dessert ? 디저트로 무엇을 드시겠습니까?
주문할 때	Comme entrée je vais prendre une salade. 전채요리로 샐러드를 먹겠습니다. Comme plat principal je vais prendre du poisson. 본 요리로 생선을 먹겠습니다. Comme dessert je voudrais une glace. 디저트로 아이스크림을 먹겠습니다. Quel est le plat du jour ? 오늘의 요리가 무엇입니까?
자리 예약할 때	J'ai une réservation au nom de Kim. 김(Kim)으로 예약했습니다. Je voudrais réserver une table pour trois personnes. 세 사람 예약하고 싶습니다. Pourriez-vous nous donner une table près de la fenêtre ? 창가 가까이에 테이블 하나를 마련해 주시겠습니까? Pourriez-vous nous donner une table sur la terrasse ? 테라스에 테이블 하나를 마련해 주시겠습니까?

 예시문제

1 음식점 Restaurant O-31

A: Examinateur(trice) 시험관 B: Candidat(e) 응시자

A: Bonjour. Avez-vous une réservation ? 안녕하세요. 예약하셨습니까?
B: Oui, monsieur. J'ai réservé une table il y a trois jours.
네, 3일 전에 예약했습니다.
A: Votre nom, s'il vous plaît. 당신의 성함을 알려주세요.
B: C'est au nom de Madame Kim. 김입니다.
A: D'accord, par ici, s'il vous plaît. 알겠습니다, 이쪽으로 오세요.
B: Merci. 감사합니다.

(Plus tard 잠시 후)

A: Qu'est-ce que je vous sers ? 무엇을 드시겠습니까?
B: Je voudrais prendre un steak. 스테이크 주세요.
A: Oui, quelle cuisson ? 네, 어느 정도로 익혀 드릴까요?
B: À point, s'il vous plaît. 적당히 익혀 주세요.
A: Voulez-vous une entrée ? Une salade ou du melon ?
전채요리를 드시겠습니까? 샐러드 아니면 멜론?
B: Je préfère le melon. 저는 멜론이 더좋아요.
A: Et comme boisson ? 음료수는요?
B: Un coca, s'il vous plaît. 콜라 주세요.
A: Et comme dessert ? 디저트는요?
B: Non merci, un café, s'il vous plaît. 고맙지만 괜찮아요, 커피 한 잔 주세요.
A: D'accord, Je vous sers tout de suite. 알겠습니다, 바로 가져다 드리겠습니다.

📝 Vocabulaire

il y a + 기간/시간 ~ 전에　　par ici 이쪽으로
servir (음식 따위를) 내놓다, (손님을) 대하다　　prendre 먹다, 마시다
boisson (f) 음료수

❷ 카페 Café

A: Examinateur(trice) 시험관 B: Candidat(e) 응시자

 A: Bonjour, vous êtes combien ? 안녕하세요, 몇 분입니까?

Candidat **B: Je suis seul.** 혼자입니다.

 A: D'accord. Par ici, s'il vous plaît. 알겠습니다. 이쪽으로 오세요.

Candidat **B: Merci.** 고맙습니다.

 A: Voici la carte. 여기 메뉴판이 있습니다.

Candidat **B: Est-ce que vous avez des crêpes ?** 크레이프 있습니까?

 A: Oui, au sucre, à la confiture ou au chocolat, que préférez-vous ?
네, 설탕, 잼 아니면 초콜릿, 무엇을 선호하세요?

Candidat **B: Je vais prendre une crêpe au sucre.** 설탕이 들어간 크레이프 주세요.

 A: Qu'est-ce que vous buvez avec ça ? 음료는 무엇을 하시겠습니까?

Candidat **B: Apportez-moi une carafe d'eau, s'il vous plaît.** 물 한 병 가져다 주세요.

 A: Très bien, je vous sers tout de suite. 알겠습니다, 곧 가져다 드리겠습니다.

📝 Vocabulaire

Vous êtes combien ? 몇 명입니까?	**carte** (f) 차림표, 메뉴판
crêpe au sucre (f) 설탕이 뿌려진 크레이프	**confiture** (f) 잼
boire 마시다	

모의문제

🔍 유형 미리 보기 🎧 O-33

Vous allez simuler la situation suivante. 다음 상황을 시뮬레이션해 보세요.

Serveur(se): Examinateur(trice) / Client(e): Candidat(e)
종업원: 시험관 / 손님: 응시자

Vous êtes au restaurant. Vous voulez commander, mais vous ne comprenez pas la carte. Vous posez des questions au serveur: sur les plats, les boissons, les desserts etc. Il vous aide à choisir. Faites le dialogue.
당신은 레스토랑에 있습니다. 당신은 주문하기를 원하지만, 메뉴판을 이해하지 못합니다. 당신은 종업원에게 음식들과 음료수, 디저트 등에 대해 질문합니다. 그는 당신이 음식을 선택하는 데 도움을 줍니다. 대화를 만들어 보세요.

S: Vous désirez ? 무엇을 원하십니까?

C: Je ne comprends pas le menu. Qu'est-ce que vous me recommandez ?
메뉴를 잘 모르겠습니다. 추천해 주시겠어요?

S: D'accord. Tout d'abord, prenez-vous un apéritif ?
알겠습니다. 우선, 식전주를 하시겠습니까?

C: Oui, un cidre s'il vous plaît. 네, 사과주 한 잔 주세요.

S: Comme entrée, nous avons du saumon avec du riz.
전채요리로는, 쌀과 함께 나오는 연어가 있습니다.

C: Je vais prendre cela, s'il vous plait. 그것으로 하겠습니다.

S: Comme plat principal, nous avons du rôti de bœuf, accompagné de légumes.
본 요리로는, 야채를 곁들인 구운 소고기가 있습니다.

C: Parfait. 좋습니다.

S: Vous buvez du vin ? 포도주 드시겠습니까?

C: Non, de l'eau, s'il vous plaît. 아니요, 물을 주세요.

S: D'accord, je vous sers tout de suite. 알겠습니다, 곧 가져다 드리겠습니다.

(À la fin du repas 식사를 마친 후)

C: L'addition, s'il vous plaît. 계산서 부탁합니다.

Exercice O-34

Vous téléphonez à un restaurant pour réserver une table pour trois personnes. Faites le dialogue. (Dialogue Simulé, 2 minutes environ)

Serveur(se): Examinateur(trice) / Client(e): Candidat(e)

S:

C:

S:

C:

S:

C:

S:

C:

④ 초대 및 등록하기 Inviter & S'inscrire

▶ 초대 관련 표현

초대할 때	Je vous invite à dîner à la maison. 저는 저녁식사에 당신을 집으로 초대합니다.
	Je vous invite à mon mariage. 제 결혼식에 당신을 초대합니다.
	Voulez-vous venir dîner chez moi ? 저의 집에서 저녁식사 하실래요?
	Voulez-vous aller dîner au restaurant ? 레스토랑에서 저녁식사 하실래요?
(제안 등을) 수락할 때	Avec plaisir ! 기꺼이!
	C'est génial ! 멋진데요!
	C'est une bonne idée ! 좋은 생각입니다!
	D'accord ! 알겠습니다!
	C'est super ! 아주 좋습니다!
(제안 등을) 거절할 때	Je suis vraiment désolé(e) mais je ne peux pas. 정말 유감이지만 저는 할 수 없습니다.
	Ce n'est pas possible. 불가능합니다
	Je ne suis pas libre. 시간이 없습니다.

만족도 표현

C'était magnifique.	그것은 너무 멋졌습니다.
C'était très bien.	그것은 참 좋았습니다.
C'était très intéressant.	그것은 참 흥미로웠습니다.
C'était pas mal.	그것은 나쁘지 않았습니다.
Ce n'était pas très bien.	그것은 아주 좋지 않았습니다.

* C'était는 동사 être의 반과거 형태로, '그것은 ~였다'는 의미를 가진다.

(기관, 학교 등) 등록 표현

Je voudrais m'inscrire au cours de (과목).	저는 (과목) 수업에 등록하기 원합니다.
Quels sont les frais d'inscription ?	등록 비용이 얼마입니까?
Y a-t-il un cours pour les débutants ?	초보자를 위한 수업이 있습니까?

 예시문제

1 초대 Invitation O-35

A: Examinateur(trice) 시험관 B: Candidat(e) 응시자

A: Allô ! 여보세요!
Candidat B: Allô, c'est Sunhee ? C'est Min-ho. 여보세요, 선희니? 민호야.
A: Comment ça va ? 잘 지냈니?
Candidat B: Ça va bien, merci. Je te téléphone pour savoir si tu es libre ce soir.
잘 지냈어, 고마워. 내가 전화한 건 오늘 저녁 네가 시간이 있는지 알아보기 위해서야.
A: Ce soir ? Pourquoi ? 오늘 저녁? 왜?
Candidat B: Je voudrais t'inviter chez moi. 우리 집에 초대하고 싶어서.
A: À quelle heure ? 몇 시에?
Candidat B: À 18 heures. Après le dîner, on ira au cinéma.
18시에. 저녁 먹고 나서, 영화관에 갈 거야.
A: C'est très gentil, mais je ne peux pas. 고마워, 그런데 갈 수가 없어.
Candidat B: Pourquoi ? Tu es occupée ? 왜? 해야 할 일이 있어?
A: Oui, j'ai beaucoup de devoirs. 응, 숙제가 많아.
Candidat B: Ah bon, tant pis ! La prochaine fois, peut-être ?
아 그래, 할 수 없지! 다음 번에, 아마도?
A: D'accord, la prochaine fois. À bientôt. 그래, 다음 번에 하자. 또 보자.

Vocabulaire

Allô ! 여보세요!   téléphoner à qn ~에게 전화하다
savoir 알다   libre 한가로운, 자유로운   ce soir 오늘 저녁
C'est gentil. 친절하다.   devoirs (m)(pl) 숙제, 과제   Tant pis ! 할 수 없지!
peut-être 아마도

② 등록 Inscription 🎧 O-36

E: Examinateur(trice) 시험관　C: Candidat(e) 응시자

C: Bonjour, je voudrais m'inscrire à un cours de cuisine.
안녕하세요, 저는 요리 수업을 등록하려고 합니다.

E: Bonjour, avez-vous déjà appris à cuisiner ?
안녕하세요, 전에 요리를 배워본 적이 있나요?

C: Non, c'est la première fois. Je voudrais apprendre la cuisine française.
아니요, 처음입니다. 저는 프랑스 요리를 배우고 싶어요.

E: Nous avons deux cours pour les débutants le lundi et le samedi.
초보자들을 위한 수업은 매주 월요일과 토요일에 2개의 수업이 있습니다.

C: Je préfère le cours du samedi. À quelle heure commence-t-il ?
저는 토요일 수업을 선호합니다. 그 수업은 몇 시에 시작하나요?

E: Alors, vous avez le choix entre 13 h et 17 h le samedi.
그럼, 토요일 13시와 17시 중에서 선택할 수 있습니다.

C: Je ne sais pas trop. Qu'est-ce que vous me conseillez ?
잘 모르겠어요. 조언해 주실 수 있나요?

E: Je vous conseille de suivre le cours de 13 h, il y a moins de monde.
사람이 적은 13시에 수강하기를 조언합니다.

C: C'est combien par mois ? 한 달에 얼마예요?

E: 200 euros. 200유로입니다.

C: C'est trop cher pour moi. Est-ce qu'il n'y a pas de réduction pour les étudiants ? 저에겐 너무 비싸네요. 학생 할인이 없나요?

E: Si vous êtes étudiant, vous pouvez avoir une réduction de 20%.
만약 당신이 대학생이라면, 20퍼센트 할인받으실 수 있어요.

C: Ah bon ? Super ! Et les manuels pour les cours ?
아 정말요? 잘됐네요! 그리고 교재는요?

E: C'est gratuit. 무료입니다.

C: Merci beaucoup. 매우 감사합니다.

E: De rien. 천만에요.

📝 Vocabulaire

s'inscrire 등록하다　　　cuisine (f) 요리　　　débutant (m) 초보자

모의문제

유형 미리 보기

Vous allez simuler la situation suivante. 다음 상황을 시뮬레이션해 보세요.

🎧 O-37

Ami(e): Examinateur(trice) / Vous: Candidat(e)
친구: 시험관 / 당신: 응시자

Vous voulez inviter votre amie à un concert. Faites le dialogue.
당신은 당신 친구를 콘서트에 초대하려고 합니다. 대화를 만들어 보세요.

V: Salut. 안녕.

A: Salut, comment vas-tu ? 안녕, 잘 지내니?

V: Bien, merci. Et toi ?
잘 지내, 고마워. 그런데 너는?

A: Pas mal. 나쁘지 않아. (괜찮아.)

V: Moi, je vais au concert de BLACKPINK ce soir. Ça commence à 20 heures. Tu viens avec moi ?
나, 오늘 저녁 블랙핑크 콘서트에 가. 저녁 8시에 시작해. 나와 함께 갈래?

A: Non, je ne peux pas. J'ai du travail ce soir.
안 돼, 갈 수 없어. 오늘 저녁 해야 할 일이 있어.

V: Laisse ton travail pour une fois. Allons au concert. Nous passerons un bon moment !
이번만 일을 내려놓고 콘서트에 가자. 즐거운 시간이 될 거야.

A: Non, je suis désolée, ce n'est pas possible.
안 돼, 미안해, 불가능해.

V: Eh bien tant pis, ce n'est pas grave ! Au revoir !
할 수 없지, 괜찮아! 잘 가

A: Au revoir, et bonne soirée ! 잘 가, 그리고 좋은 저녁 시간 보내!

Exercice O-38

Vous voulez vous inscrire dans un institut de langues pour apprendre le français en France. Faites le dialogue. (le tarif, la durée, les jours etc.)
(Dialogue Simulé, 2 minutes environ)

Employé(e): Examinateur(trice) / Vous: Candidat(e)

V:
_____

E:
_____

V:
_____

E:
_____

V:
_____

E:
_____

V:
_____

E:
_____

❺ 바캉스 보내기 Passer des vacances

관광 관련 단어

관광	tourisme (m)	미술관/박물관	musée (m)
관광객	touriste (m)	대성당	cathédrale (f)
여행 안내소	office de tourisme (m)	공원	jardin public (m)
가이드	guide (m)	시청	hôtel de ville (m)
중심가	centre-ville (m)	성	château (m)
상가	centre commercial (m)	동물원	zoo (m)

호텔 관련 표현

룸의 방향을 선택할 때	Je voudrais une chambre qui donne sur la rue. 거리 쪽으로 향한 방을 원합니다.	
	Je voudrais une chambre qui donne sur la mer. 바다 쪽으로 향한 방을 원합니다.	
	Je voudrais une chambre qui donne sur le jardin. 정원 쪽으로 향한 방을 원합니다.	
룸 관련 요구를 할 때	Je voudrais	une chambre à deux lits. 나는 트윈 베드룸을 원합니다.
		une chambre double. 나는 더블 룸을 원합니다.
		une chambre à un lit. 나는 싱글 룸을 원합니다.
		une chambre avec salle de bain. 나는 욕실이 딸린 방을 원합니다.
		une chambre avec douche. 나는 샤워실이 딸린 방을 원합니다.
		une chambre avec télévision. 나는 TV가 있는 방을 원합니다.

기타 표현을 할 때	C'est pour combien de personnes ? 몇 분이세요?
	C'est pour combien de nuits ? 며칠 숙박하십니까?
	Combien ça coûte pour une nuit ? 일 박에 얼마입니까?
	Le petit déjeuner est-il compris ? 아침식사가 포함되어 있습니까?
	Vous avez la chambre 10 au deuxième étage. 2층 10호실입니다.
	C'est complet. 만원입니다.
	Nous avons des chambres libres. 빈 방이 있습니다.

예시문제

1 호텔 Hôtel

B: Examinateur(trice) 시험관 A: Candidat(e) 응시자

Candidat A: Bonjour. 안녕하세요.

B: Bonjour, que désirez-vous ? 안녕하세요, 무엇을 도와드릴까요?

Candidat A: Nous voudrions deux chambres doubles. 더블룸 2개를 원합니다.

B: Vous êtes combien ? 몇 명이십니까?

Candidat A: Nous sommes une famille de quatre personnes. 우리는 4인 가족입니다.

B: Pour combien de nuits ? 며칠 묵으실 겁니까?

Candidat A: Deux nuits, jusqu'à dimanche matin. 일요일 아침까지 이틀 밤이요.

B: Désolé, nous sommes presque complets. Nous avons seulement une grande chambre familiale. 죄송합니다, 방이 거의 다 찼습니다. 큰 가족룸 하나만 있습니다.

Candidat A: Cette chambre coûte combien, s'il vous plaît ? 그 방은 얼마입니까?

B: 120 euros la nuit. 120유로입니다.

Candidat A: Oui, d'accord. On la prend. 네, 알겠습니다. 그것으로 하겠습니다.

B: C'est à quel nom ? 누구 이름으로 할까요?

Candidat A: Monsieur Park. 박입니다.

B: D'accord, voici la clé. 알겠습니다, 여기 열쇠 있습니다.

Vocabulaire

Nous sommes + 숫자 ~명입니다
jusqu'à ~까지
seulement 단지

Pour combien de nuits ? 며칠 숙박하십니까?
complet 만원인
clé (f) 열쇠

❷ 관광 안내소 Office de tourisme 🎧 O-40

B: Examinateur(trice) 시험관   A: Candidat(e) 응시자

Candidat A: Bonjour, c'est bien l'office de tourisme ?
안녕하세요, 여기가 관광 안내소인가요?

B: Oui, comment puis-je vous aider ? 네, 무엇을 도와드릴까요?

Candidat A: Est-ce que vous avez une liste des hôtels de la ville, s'il vous plaît ?
시내 호텔 리스트가 있으신가요?

B: Oui, la voici. Voulez-vous aussi la liste des restaurants ?
네, 여기 있습니다. 레스토랑 리스트도 원하세요?

Candidat A: Je veux bien, merci. Quels aliments sont célèbres dans cette région ?
네, 고맙습니다. 이 지역에서 유명한 음식은 무엇입니까?

B: La région est célèbre pour ses plats de poisson.
이 지역은 생선요리로 유명합니다.

Candidat A: Qu'est-ce qu'il y a d'intéressant pour les étudiants ?
학생들에게 흥미로운 것은 무엇이 있나요?

B: Il existe de nombreux musées. 박물관이 많이 있어요.

Candidat A: Est-ce que tous les musées sont ouverts le dimanche ?
모든 박물관은 일요일에 문을 엽니까?

B: Oui, ils sont ouverts tous les jours sauf le lundi. Voici un dépliant avec tous les renseignements sur la ville. 네, 월요일만 빼고 매일 문을 엽니다. 여기 이 도시에 대한 모든 정보가 들어 있는 팸플릿이 있습니다.

Candidat A: C'est très gentil. 정말 친절하시네요.

B: Je vous en prie, bonne journée. 별말씀을요, 좋은 하루 되세요.

📝 Vocabulaire

office de tourisme (m) 관광 안내소	aider qn ~를 돕다	liste (f) 목록
musée (m) 박물관	ouvert(e) 열려진	tous les jours 매일
sauf ~를 제외하고	dépliant (m) 안내서	renseignement (m) 정보
Je vous en prie. 별말씀을요.		

유형 미리 보기

Vous allez simuler la situation suivante. 다음 상황을 시뮬레이션해 보세요.

 O-41

A: Examinateur(trice) 시험관   B: Candidat(e) 응시자

Vous voulez réserver une chambre d'hôtel pour deux personnes. Faites le dialogue.
당신은 두 사람이 묵을 호텔 방 하나를 예약하기를 원합니다. 대화를 만들어 보세요.

A: Bonjour. 안녕하세요.

B: Bonjour, je voudrais une chambre pour deux personnes, s'il vous plaît.
안녕하세요, 두 사람을 위한 방을 예약하려고 합니다.

A: Oui, pour quelle date ? 네, 어떤 날짜로요?

B: Pour le 4 septembre. 9월 4일입니다.

A: Une minute, s'il vous plaît. Il nous reste une chambre à deux lits.
잠시만 기다려 주세요. 트윈 베드룸 하나가 남아 있습니다.

B: C'est bien. Y a-t-il une salle de bain ? 좋습니다. 욕실은 있습니까?

A: Non, seulement une douche. 아니요, 샤워부스만 있습니다.

B: Pas de problème. 괜찮습니다.

A: C'est pour combien de nuits ? 며칠 밤 묵으실 건가요?

B: Pour deux nuits. Est-ce que le petit déjeuner est compris ?
이틀 밤입니다. 아침식사가 포함되어 있습니까?

A: Oui, bien sûr. C'est à quel nom ? 네, 물론이죠. 어떤 이름으로 (예약)할까요?

B: C'est pour monsieur Kim. 김입니다.

A: Très bien. Au revoir. 좋습니다. 안녕히 가세요.

B: Merci. Au revoir. 감사합니다. 안녕히 계세요.

Exercice O-42

Vous voulez visiter Paris. Vous entrez dans un office de tourisme. Faites le dialogue. (Dialogue Simulé, 2 minutes environ)

Employé(e): Examinateur(trice) / Client(e): Candidat(e)

C:

E:

C:

E:

C:

E:

C:

E:

Section 4 _ 구술 평가 **197**

DELF

*Diplôme
d'Études en
Langue Française*

실전 TEST

* 청취 평가·구술 평가·실전 TEST의 음원 및 Script 파일(PDF)은 넥서스북 홈페이지(www.nexusbook.com)에서 무료로 다운로드할 수 있고, 음원은 QR로 바로 접속할 수도 있습니다.

Nom:	Prénom:

Code candidat: ☐☐☐☐☐☐ — ☐☐☐☐☐☐

TEST 1

DIPLÔME D'ÉTUDES EN LANGUE FRANÇAISE
DELF A1

Niveau A1 du Cadre européen commun de référence pour les langues

Nature des épreuves	Durée	Note sur
Compréhension de l'oral Réponse à des questionnaires de compréhension portant sur trois ou quatre très courts documents enregistrés ayant trait à des situations de la vie quotidienne. (2 écoutes)	20 min environ	/25
Compréhension des écrits Réponse à des questionnaires de compréhension portant sur quatre ou cinq documents écrits ayant trait à des situations de la vie quotidienne.	30 min	/25
Production écrite Épreuve en deux parties: 　-Compléter une fiche, un formulaire 　-Rédiger des phrases simples (cartes postales, messages, légendes, etc.) sur des sujets de la vie quotidienne	30 min	/25
Production orale Épreuve en trois parties: 　-Entretien dirigé 　-Échange d'informations 　-Dialogue simulé	5 à 7 min *Préparation: 10 min*	/25

Seuil de réussite pour obtenir le diplôme: 50/100
Note minimale requise par épreuve: 5/25
Durée totale des épreuves collectives: 1 heure 20 minutes

Note totale:	/100

참조: *https://www.delf-dalf.co.kr/ko/*

Partie 1
COMPRÉHENSION DE L'ORAL
25 points

T-01

Répondez aux questions en cochant (☒) la bonne réponse.

■ EXERCICE 1
6 points

Vous allez entendre 2 fois un document. Vous aurez 30 secondes de pause entre les 2 écoutes puis 30 secondes pour vérifier vos réponses. Lisez d'abord les questions.

1. Marie et vous allez ... ce dimanche.
   - ☐ au restaurant
   - ☐ chez Jean
   - ☐ au cinéma

2. À quelle heure est le rendez-vous ?
   - ☐ À 12 h 20
   - ☐ À 12 h
   - ☐ À 12 h 30

■ EXERCICE 2
7 points

Vous allez entendre 2 fois un message sur le répondeur. Vous aurez 30 secondes de pause entre les 2 écoutes puis 30 secondes pour vérifier vos réponses. Lisez d'abord les questions.

1. Qui a téléphoné ?
   - ☐ Une employée de banque
   - ☐ Une directrice de la poste
   - ☐ Une amie

DELF A1

2. Quels sont les jours d'ouverture ? *3.5 point*

   ☐ Du lundi au vendredi.

   ☐ Du mardi au samedi.

   ☐ Du mardi au vendredi.

■ EXERCICE 3 **7.5 points**

Vous allez entendre cinq petits dialogues correspondant à des situations différentes. Vous aurez 15 secondes de pause après chaque dialogue. Puis vous allez entendre à nouveau les dialogues. Vous pouvez compléter vos réponses. Associez chaque dialogue à une image.

Attention: il y a 5 images mais seulement 4 dialogues. *1.5 point par réponse*

1. Situation n° _____

2. Situation n° _____

3. Situation n° _____

4. Situation n° _____

5. Situation n° _____

■ EXERCICE 4

4.5 points

Vous allez entendre plusieurs petits dialogues correspondant à des situations différentes. Vous avez 15 secondes de pause après chaque dialogue, puis vous allez entendre à nouveau les dialogues pour compléter vos réponses. Lisez d'abord les questions.

Associez chaque situation à un dialogue. Pour chaque situation, mettez une croix pour indiquer ≪Où est-ce ?≫ ou ≪Qu'est-ce qu'on demande ?≫.

1.5 point par réponse

Situation n° 1

Où est-ce ?	
Dans la rue	
Dans un magasin	
Dans un hôpital	
Dans un bureau	

Situation n° 2

Qu'est-ce qu'on demande ?	
Une entrée	
Un prix	
Du poisson	
L'addition	

Situation n° 3

Où est-ce ?	
Dans un parc	
Dans un magasin	
Dans un hôpital	
Dans une boulangerie	

Partie 2
COMPRÉHENSION DES ÉCRITS
25 points

■ EXERCICE 1

6 points

Vous êtes à la piscine. Vous voyez cette affiche.

Les horaires changent pendant les vacances d'été !
Voici les horaires pour cet été du 1er juillet au 31 août:

Vacances d'été

Lundi	9 h - 12 h 45 et 14 h 30 - 18 h 30
Mardi	9 h - 12 h 45 et 14 h 30 - 18 h 30
Mercredi	9 h - 12 h 45 et 14 h 30 - 18 h 30
Jeudi	9 h - 12 h 45 et 14 h 30 - 18 h 30
Vendredi	12 h - 20 h 30
Samedi	9 h - 12 h 30 et 14 h 30 - 18 h 30
Dimanche	9 h - 12 h 30 et 14 h 30 - 18 h 30

Attention, pendant toutes les vacances !
Le petit bassin n'est pas libre les mercredis et jeudis matin.

Répondez aux questions suivantes.

1. Qu'annonce l'affiche ?
    - ☐ Changement d'horaires
    - ☐ Fermeture de la piscine
    - ☐ Changement de lieu

2. À quelle heure ouvre la piscine le vendredi en été ?
    - ☐ À 12 h
    - ☐ À 12 h 30
    - ☐ À 12 h 45

■ EXERCICE 2

6 points

Vous trouvez ce message dans votre boîte aux lettres.

Chers voisins,

Nous vous proposons une fête des voisins, vendredi 15 juin au 13 rue des Voisins. N'hésitez pas à venir prendre un verre à partir de 19 h. Au plaisir de vous voir !

Annulation en cas de pluie.

La fête des voisins

Répondez aux questions suivantes.

1. Qu'annonce le message ?
   - ☐ La fête des voisins
   - ☐ La fête des amis
   - ☐ La fête des mères

2. Dans quelle situation la fête peut être annulée ?
   - ☐ Quand il pleut.
   - ☐ Quand il fait chaud.
   - ☐ Quand il fait froid.

■ EXERCICE 3
6 points

Vous allez à l'accueil de la gare pour demander un service, et vous trouvez cette affiche.

ATTENTION !
FERMETURE POUR TRAVAUX !

Nous vous informons que l'accueil de la gare Saint-Tropez est fermé pour travaux du 1er juillet au 31 août. Pendant cette période, nous vous invitons à aller à notre bureau temporaire, 5 rue du renard (3 min à pied)

Voici les horaires d'ouverture: de 8 h 30 à 19 h 30, du lundi au vendredi. De 9 h à 12 h le samedi. Depuis la sortie de la gare, prenez la rue de Mexico, tournez à la première rue à gauche, puis prenez la deuxième rue à droite.

Répondez aux questions suivantes.

1. Les travaux se terminent le ...   *1.5 points*
   - ☐ 1er juillet
   - ☐ 15 août
   - ☐ 31 août

2. À quelle heure ferme le bureau de remplacement le samedi ? *1.5 points*

   ☐ À 9 h
   ☐ À 12 h
   ☐ À 19 h 30

3. Où se situe le bureau de remplacement ? *3 points*

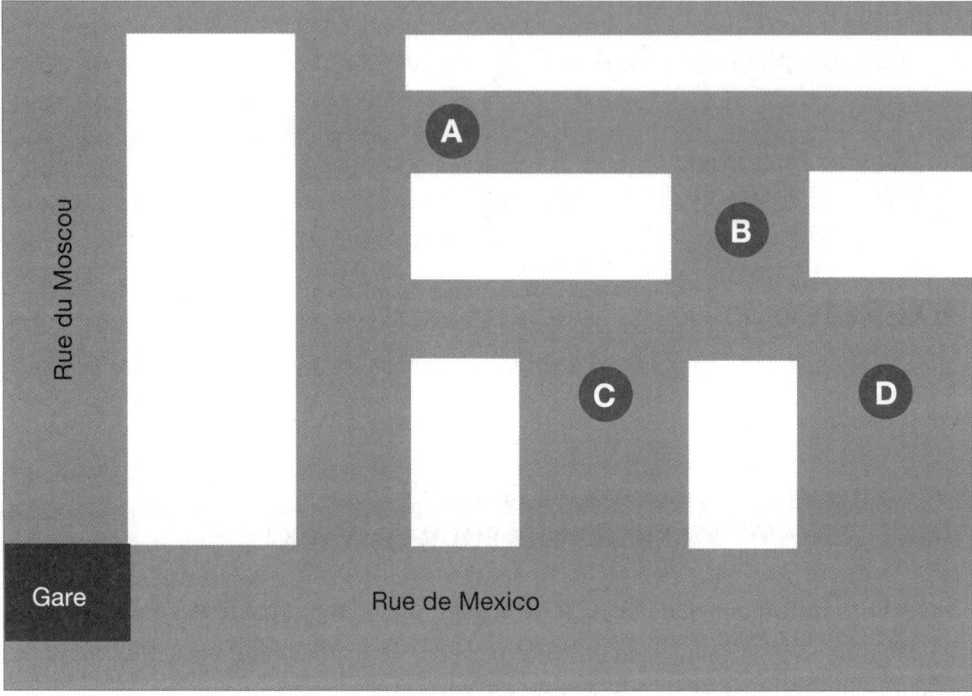

   ☐ Ⓐ
   ☐ Ⓑ
   ☐ Ⓒ
   ☐ Ⓓ

■ EXERCICE 4

7 points

Vous êtes étudiant(e). Vous cherchez un petit travail d'étudiant. Vous trouvez cette annonce.

Urgence !

Bonjour,

Je cherche une personne sérieuse pour récupérer nos trois enfants après l'école. Ensuite il faut les accompagner à la maison. Les enfants sont à l'école <Mon trésor>, située dans le centre-ville. Vous devez être disponible à 16 h 30 du lundi au vendredi sauf le mercredi. Entre l'école et la maison il faut 20 minutes en bus. Avoir une voiture sera un plus (10 min en voiture) !

Tarif: 10 euros par jour

Tel: 06 90 09 90 09

Mme Charif

Répondez aux questions suivantes.

1. Quelle aide Mme. Charif cherche ?
   - ☐ Déposer les enfants à l'école le matin
   - ☐ Ramener les enfants après l'école
   - ☐ Garder les enfants le mercredi

2. À quelle heure faut-il aller chercher les enfants ?
   - ☐ À 20 h
   - ☐ À 16 h 30
   - ☐ À 10 h

Partie 3
PRODUCTION ÉCRITE
25 points

■ EXERCICE 1

10 points
1 point par bonne réponse

Vous êtes en voyage en France. Vous remplissez cette fiche dans votre hôtel.

Fiche de réservation

HOTEL PARADIS DES VOYAGEURS

Civilité : ☐ Madame ☐ Monsieur

Prénom, Nom :

Date de naissance :

Adresse :

Code Postal :   **Ville :**   **Pays :**

Téléphone :

Email :

Type de chambre

☐ Chambre simple

☐ Chambre double

☐ Chambre Famille

Nb d'adultes :   **Nb d'enfants :**

Date d'arrivée :   **Date de départ :**

■ EXERCICE 2

15 points

Vous habitez en Corée. Vous écrivez à votre correspondant(e) pour l'inviter dans votre pays. Vous lui présentez votre pays et lui proposez des activités que vous pouvez faire ensemble.

[Nombre de mots : 40 à 50 mots]

DOCUMENT DU CANDIDAT ÉPREUVE INDIVIDUELLE

Partie 4
PRODUCTION ORALE
25 points

 T-02

L'épreuve se déroule en trois parties: un entretien dirigé, un échange d'informations et un dialogue simulé (ou jeu de rôle). Elle dure de 5 à 7 minutes. Vous disposez de 10 minutes de préparation pour les parties 2 et 3 (échange d'informations et un dialogue simulé).

■ Entretien Dirigé   *1 minute environ*

Répondez aux questions de l'examinateur sur vos goûts ou vos activités:

■ Échange d'informations   *2 minutes environ*

À partir des mots ci-dessous, posez des questions à l'examinateur.

| Vacances d'hiver ? | Sport ? | Film ? |
| Inviter ? | Sortir ? | Se lever ? |

■ Dialogue Simulé   *2 minutes environ*

Vous allez simuler la situation suivante. Vous êtes le(la) client(e) et l'examinateur le réceptionniste.

> Vous voulez réserver deux chambres à l'hôtel.
> Vous demandez des précisions.

DELF A1

TEST 2

Nom: _____ Prénom: _____

Code candidat: ☐☐☐☐☐☐ — ☐☐☐☐☐☐

DIPLÔME D'ÉTUDES EN LANGUE FRANÇAISE
DELF A1

Niveau A1 du Cadre européen commun de référence pour les langues

Nature des épreuves	Durée	Note sur
Compréhension de l'oral Réponse à des questionnaires de compréhension portant sur trois ou quatre très courts documents enregistrés ayant trait à des situations de la vie quotidienne. (2 écoutes)	20 min environ	/25
Compréhension des écrits Réponse à des questionnaires de compréhension portant sur quatre ou cinq documents écrits ayant trait à des situations de la vie quotidienne.	30 min	/25
Production écrite Épreuve en deux parties: 　-Compléter une fiche, un formulaire 　-Rédiger des phrases simples (cartes postales, messages, légendes, etc.) sur des sujets de la vie quotidienne	30 min	/25
Production orale Épreuve en trois parties: 　-Entretien dirigé 　-Échange d'informations 　-Dialogue simulé	5 à 7 min *Préparation: 10 min*	/25

Seuil de réussite pour obtenir le diplôme: 50/100
Note minimale requise par épreuve: 5/25
Durée totale des épreuves collectives: 1 heure 20 minutes

Note totale:	/100

참조: *https://www.delf-dalf.co.kr/ko/*

Partie 1
COMPRÉHENSION DE L'ORAL
25 points

 T-03

Répondez aux questions en cochant (☒) la bonne réponse.

■ EXERCICE 1
6 points

Vous allez entendre 2 fois un document. Vous aurez 30 secondes de pause entre les 2 écoutes puis 30 secondes pour vérifier vos réponses. Lisez d'abord les questions.

1. Jean vous propose d'aller …
   - ☐ au restaurant
   - ☐ au musée
   - ☐ au théâtre

2. Que devez-vous apporter ?

☐ a ☐ b ☐ c

3. À quelle heure est le rendez-vous ?
   - ☐ À 11 h 30
   - ☐ À 11 h
   - ☐ À 10 h

DELF A1

■ EXERCICE 2   *7 points*

Vous allez entendre 2 fois un document. Vous aurez 30 secondes de pause entre les 2 écoutes puis 30 secondes pour vérifier vos réponses. Lisez d'abord les questions.

1. Quel endroit va fermer ?

☐ a   ☐ b   ☐ c

2. Le dimanche, les heures d'ouverture sont ...

   ☐ de 10 h à 14 h 30
   ☐ de 10 h à 14 h 15
   ☐ de 10 h à 14 h

EXERCICE 3

7.5 points

Vous allez entendre cinq petits dialogues correspondant à des situations différentes. Vous aurez 15 secondes de pause après chaque dialogue. Puis vous allez entendre à nouveau les dialogues. Vous pouvez compléter vos réponses. Associez chaque dialogue à une image.

Attention: il y a 5 images mais seulement 4 dialogues.

1.5 points par réponse

Situation n° ____

Situation n° ____

Situation n° ____

Situation n° ____

Situation n° ____

DOCUMENT DU CANDIDAT ÉPREUVES COLLECTIVES

■ EXERCICE 4

4.5 points

Vous allez entendre plusieurs petits dialogues correspondant à des situations différentes. Vous avez 15 secondes de pause après chaque dialogue, puis vous allez entendre à nouveau les dialogues pour compléter vos réponses. Lisez d'abord les questions.

Associez chaque situation à un dialogue. Pour chaque situation, mettez une croix pour indiquer « Où est-ce ? », « Qu'est-ce qu'on demande ? » ou « Qui parle ? ».   *1.5 points par réponse*

Situation n° 1

Où est-ce ?	
À la banque	
À la poste	
À l'école	
À l'hôtel	

Situation n° 2

Qu'est-ce qu'on demande ?	
Les toilettes	
Le prix	
Le numéro de téléphone	
L'addition	

Situation n° 3

Qui parle ?	
Un journaliste	
Un professeur	
Un médecin	
Un étudiant	

TEST 2

DOCUMENT DU CANDIDAT ÉPREUVES COLLECTIVES

Partie 2
COMPRÉHENSION DES ÉCRITS
25 points

■ EXERCICE 1
5 points

Vous échangez ces messages instantanés avec vos amis.

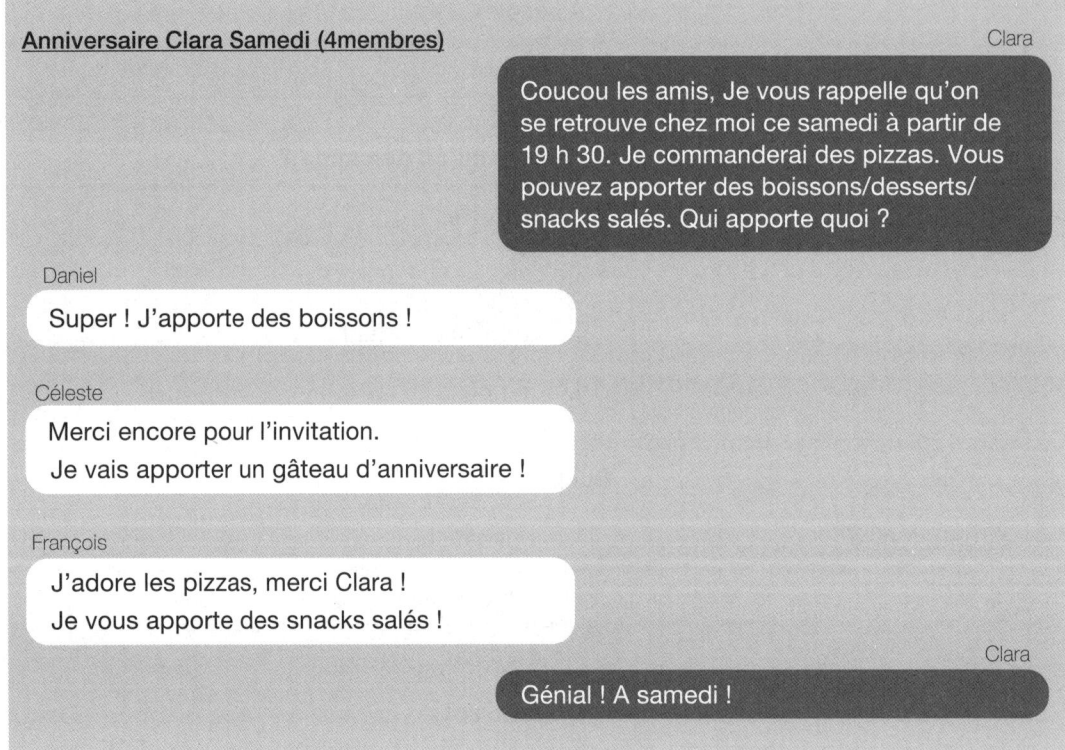

Répondez aux questions suivantes.

1. Quel est l'objectif de ces messages ?

   ☐ Organisation d'une fête.

   ☐ Invitation à un mariage.

   ☐ Réunion dans un restaurant de pizza.

DELF A1

2. Qui apporte des gâteaux salés ?

    ☐ Clara
    ☐ Daniel
    ☐ François

■ EXERCICE 2
6 points

Vous êtes dans une bibliothèque. Vous consultez ce message:

> Vous êtes bienvenu(e) à la bibliothèque de Bouquinville.
>
> Voici le plan de la bibliothèque.
>
> Au rdc: l'accueil, les livres pour enfants, les journaux/magazines
>
> Au 1er étage: les livres pour étudiants/adultes
>
> Au 2e étage: deux salles de travail, 4 salles de réunion, une salle internet, et le café
>
> Ouvert tous les jours de 8 h à 23 h sauf le lundi.
>
> Si vous avez besoin d'aide ou pour toute demande, venez nous voir à l'accueil.

Répondez aux questions suivantes.

1. Qu'est-ce qui n'est pas au rez-de-chaussée de la bibliothèque?

    ☐ L'accueil
    ☐ Le café
    ☐ La section journaux/magazines

2. Où se trouvent les livres pour étudiants ?

    ☐ Au rez-de-chaussée
    ☐ Au 1er étage
    ☐ Au 2e étage

3. Vous avez rendez-vous avec vos amis dans une salle de réunion. Elle se situe entre les toilettes et le café. Parmi les 4 salles de réunion (A, B, C, D) sur le plan ci-dessous, ce sera laquelle ?

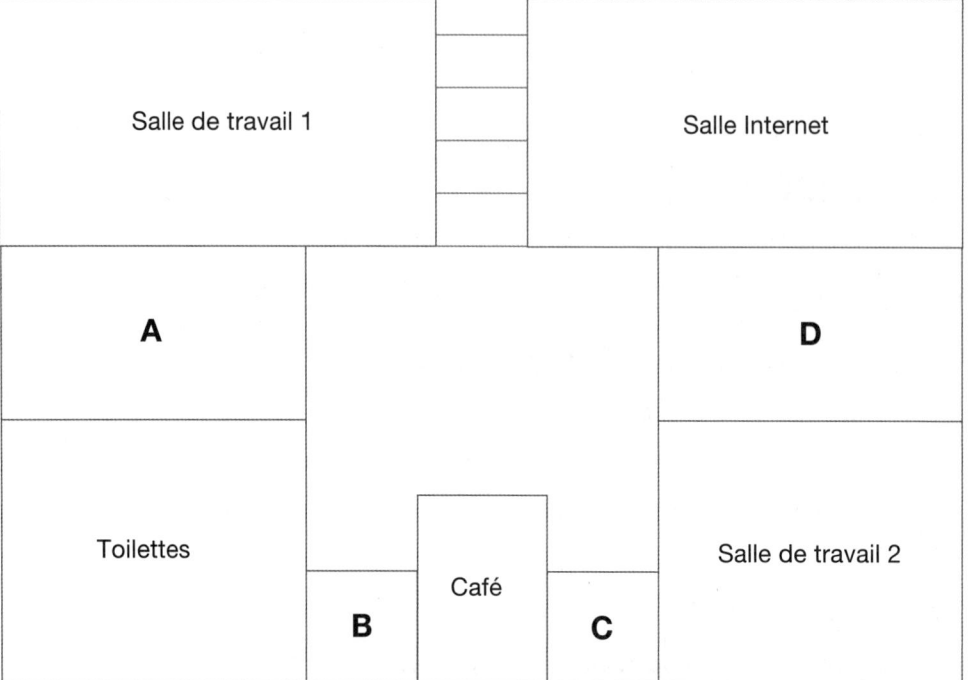

- ☐ Ⓐ
- ☐ Ⓑ
- ☐ Ⓒ
- ☐ Ⓓ

EXERCICE 3

8 points

Vous consultez ces annonces à l'université.

A
Loue un studio meublé de 18m²
5min à pied du campus
Mme Alouer
08 11 22 33 44

B
Cherche
un baby-sitter
le vendredi soir pour garder 2 enfants
M. Okupé
08 78 87 78 87

C
Vend un vélo de ville
bon état
Couleur: blanc
Prix: 50 euros
kilian@mail.fr

D
Vend
un lit 1 place
très bon état
bonne qualité
Prix: 70 euros
kevin@mail.fr

Répondez aux questions suivantes.

1. Vous cherchez un vélo de ville. Qui vous devez contacter ?

    ☐ Mme. Alouer

    ☐ M. Okupé

    ☐ Kilian

2. Combien se vend le lit d'occasion ?

    ☐ 50 euros

    ☐ 70 euros

    ☐ On ne sait pas.

3. Vous cherchez un travail le soir, vous êtes disponible le vendredi. Quelle annonce peut vous intéresser ?

- ☐ Ⓐ
- ☐ Ⓑ
- ☐ Ⓒ
- ☐ Ⓓ

4. Quelle annonce on ne trouve pas ici ?
- ☐ Location immobilière
- ☐ Offre d'emploi
- ☐ Demande d'emploi

■ EXERCICE 4   *6 points*

Vous marchez dans le campus. On vous donne ce papier.

Stages sportifs d'été

Envie de pratiquer différentes activités sportives telles que le football, le badminton, le rugby et autres jeux ?

L'université vous propose des stages de sport cet été du 9 au 13 juillet de 9 h à 12 h et de 14 h à 17 h.

Lieu des stages: Terrain sportif en face du bâtiment A

Tarif: 80 euros

Inscrivez-vous avant le 16 juin au secrétariat dans le bâtiment B.

Pour plus d'information écrivez à info@universite.fr

Répondez aux questions suivantes.

1. Cette annonce est écrite par ...
   - ☐ un club de football
   - ☐ un centre de loisir
   - ☐ une université
   - ☐ une agence de voyage

2. L'annonce propose ...
   - ☐ des cours
   - ☐ des stages
   - ☐ des conférences
   - ☐ des ateliers

3. Sélectionnez la phrase fausse.
   - ☐ Les stages durent 5 jours.
   - ☐ Les stages commencent tous les jours à 9 h.
   - ☐ Le tarif est de 80 euros.
   - ☐ On doit s'inscrire par e-mail.

Partie 3
PRODUCTION ÉCRITE
25 points

■ EXERCICE 1

10 points
1 point par bonne réponse

Vous êtes dans un centre de sport pour vous inscrire à un cours. Consultez cet emploi du temps, choisissez un cours qui vous intéresse. Puis remplissez le formulaire d'inscription.

Centre de sport «Bonne Forme»

	Niveau	Jours	Horaires
Pilates	Débutant	Vendredi	18 h - 19 h
Pilates	Intermédiaire	Samedi	10 h - 11 h
Pilates	Avancé	Dimanche	17 h - 18 h
Yoga		Mercredi	18 h - 19 h
Fitness	Débutant	Lundi	18 h - 19 h
Fitness	Intermédiaire	Lundi	19 h - 20 h
Fitness	Avancé	Lundi	20 h - 21 h

Fiche d'inscription

Civilité:	☐ M. ☐ Mme.
Nom:	
Prénom:	
Date de naissance:	
Adresse:	
Code Postal:	
Ville:	
Numéro de téléphone:	
Choix de sport:	
Niveau:	
Jour et horaire:	

DELF A1

■ EXERCICE 2

15 points

Vous êtes en vacances à la mer. Ecrivez un e-mail à votre ami(e) français(e) pour lui parler de vos vacances.

[Nombre de mots : 40 à 50 mots]

DOCUMENT DU CANDIDAT ÉPREUVE INDIVIDUELLE

Partie 4
PRODUCTION ORALE
25 points

T-04

L'épreuve se déroule en trois parties: un entretien dirigé, un échange d'informations et un dialogue simulé (ou jeu de rôle). Elle dure de 5 à 7 minutes. Vous disposez de 10 minutes de préparation pour les parties 2 et 3 (échange d'informations et un dialogue simulé).

■ Entretien Dirigé   *1 minute environ*

Répondez aux questions de l'examinateur:

■ Échange d'informations   *2 minutes environ*

À partir des cartes, posez des questions à l'examinateur:

Instrument ?	Partir ?	Dimanche ?
Restaurant ?	Quartier ?	Appartement ?

■ Dialogue Simulé   *2 minutes environ*

Vous allez simuler la situation suivante. Vous êtes le(la) client(e) et l'examinateur le serveur.

> Vous êtes au restaurant.
> Commandez une entrée, un plat, une boisson et un dessert au serveur.

DELF A1

Nom: _____ Prénom: _____

Code candidat: ☐☐☐☐☐☐ — ☐☐☐☐☐☐

TEST 3

DIPLÔME D'ÉTUDES EN LANGUE FRANÇAISE
DELF A1

Niveau A1 du Cadre européen commun de référence pour les langues

Nature des épreuves	Durée	Note sur
Compréhension de l'oral Réponse à des questionnaires de compréhension portant sur trois ou quatre très courts documents enregistrés ayant trait à des situations de la vie quotidienne. (2 écoutes)	20 min environ	/25
Compréhension des écrits Réponse à des questionnaires de compréhension portant sur quatre ou cinq documents écrits ayant trait à des situations de la vie quotidienne.	30 min	/25

Production écrite
Épreuve en deux parties:
    -Compléter une fiche, un formulaire
    -Rédiger des phrases simples (cartes postales, messages, légendes, etc.) sur des sujets de la vie quotidienne
	30 min	/25

Production orale
Épreuve en trois parties:
    -Entretien dirigé
    -Échange d'informations
    -Dialogue simulé
	5 à 7 min
	Préparation: 10 min
		/25

Seuil de réussite pour obtenir le diplôme: 50/100
Note minimale requise par épreuve: 5/25
Durée totale des épreuves collectives: 1 heure 20 minutes

Note totale: /100

참조: *https://www.delf-dalf.co.kr/ko/*

Partie 1
COMPRÉHENSION DE L'ORAL
25 points

 T-05

Répondez aux questions en cochant (☒) la bonne réponse.

■ EXERCICE 1
6 points

Vous allez entendre 2 fois un document. Vous aurez 30 secondes de pause entre les 2 écoutes puis 30 secondes pour vérifier vos réponses. Lisez d'abord les questions.

1. Le train annoncé est ...
   - ☐ supprimé.
   - ☐ retardé.
   - ☐ à l'heure.

2. Quel est le problème ?
   - ☐ Le train est annulé en raison des chutes de neige.
   - ☐ Le train est en panne en raison des chutes de neige.
   - ☐ Le train est retardé en raison des chutes de neige.

■ EXERCICE 2
7 points

Vous allez entendre 2 fois un document. Il y a 30 secondes de pause entre les 2 écoutes puis vous avez 30 secondes pour vérifier vos réponses. Lisez les questions.

DELF A1

1. Qu'est-ce que Julie veut acheter ?

☐ a ☐ b ☐ c

2. À quelle heure pouvez-vous rencontrer Julie ?
   ☐ À midi
   ☐ Avant midi
   ☐ Après midi

■ EXERCICE 3
7.5 points

Vous allez entendre cinq petits dialogues correspondant à des situations différentes. Vous aurez 15 secondes de pause après chaque dialogue. Puis vous allez entendre à nouveau les dialogues. Vous pouvez compléter vos réponses. Associez chaque dialogue à une image.

Attention: il y a 5 images mais seulement 4 dialogues. *1.5 point par réponse*

Situation n° ____

Situation n° ____

Situation n° ____

Situation n° ____

Situation n° ____

■ EXERCICE 4

4.5 points

Vous allez entendre plusieurs petits dialogues correspondant à des situations différentes. Vous avez 15 secondes de pause après chaque dialogue, puis vous allez entendre à nouveau les dialogues pour compléter vos réponses. Lisez d'abord les questions.

Associez chaque situation à un dialogue. Pour chaque situation, mettez une croix pour indiquer ≪Où est-ce ?≫, ≪Qu'est-ce qu'on demande ?≫ ou ≪Qui parle ?≫.

1.5 point par réponse

Situation n° 1

Où est-ce ?	
À l'hôtel	
À la gare	
À l'office de tourisme	
À l'hôtel de ville	

Situation n° 2

Qu'est-ce qu'on demande ?	
Un prix	
Un billet	
Un lieu	
Une date	

Situation n° 3

Qui parle ?	
Des parents	
Deux amis	
Une élève	
Une agence immobilière	

DELF A1

Partie 2
COMPRÉHENSION DES ÉCRITS
25 points

■ EXERCICE 1
6 points

Vous envoyez un e-mail à un partenaire, vous recevez cette réponse.

De: Céline Partez [celine.partez@mail.fr]

Pour: Soumi Kim [soumi.kim@mail.fr]

Sujet: [Réponse automatique] Congé

Bonjour,

Je serai absente du bureau jusqu'au 16 août inclus. Je vous répondrai avec plaisir au retour.

Si votre demande concerne la division d'Asie, contactez Mme. Gomez: carole.gomez@mail.fr

Si votre demande concerne la division d'Amérique du nord, contactez M. Guérand: mathis.guerand@mail.fr

Pour toute demande administrative, vous pouvez contacter M. Bocez: nicolas.bocez@mail.fr

Merci pour votre compréhension.

Répondez aux questions suivantes.

1. Qui reçoit cet e-mail ?
   - ☐ Céline Partez
   - ☐ Soumi Kim
   - ☐ Carole Gomez

2. Cet e-mail décrit ...
   - ☐ la démission d'un employé.
   - ☐ l'absence d'un employé.
   - ☐ un changement de poste.

■ EXERCICE 2

6 points

Votre enfant vous donne ce message de l'école.

Fête de l'école 2024

École Jean Cérieux

Les enfants et l'équipe éducative ont le plaisir de vous inviter à la fête de l'école !

À la salle des fêtes de la mairie, 5 rue des écoliers

Spectacle des enfants à partir de 14 h

Ouverture des jeux dès 15 h 30

Apéro et cocktail offerts par l'école, 16 h

Fin de la fête, 18 h

Répondez aux questions suivantes.

1. Ce message annonce ...
   - ☐ la fête de la musique.
   - ☐ une fête de l'école.
   - ☐ une fête d'anniversaire.

2. Où aura lieu la fête ?

   □ À l'école

   □ Dans une salle des fêtes

   □ On ne sait pas.

3. Qui offre les apéros et cocktails aux invités ?

   □ Les parents

   □ L'école

   □ L'association des élèves

■ EXERCICE 3

7 points

Il est 21 h 20. Vous consultez le programme de TV.

source: telerama.fr.

Répondez aux questions suivantes.

1. Quel est le programme en direct ?
    - ☐ Football
    - ☐ 100% France
    - ☐ Échappées belles

2. Quel est le type de l'émission 100% France ?
    - ☐ Divertissement
    - ☐ Journal
    - ☐ Magazine

3. Quel programme est diffusé entre 21 h et 22 h 30 ?
    - ☐ NCIS
    - ☐ 100% France
    - ☐ Échappées belles

■ EXERCICE 4

7 points

Vous recevez cette lettre dans votre boîte aux lettres.

> Bonjour M. Lecomte,
>
> Nous avons le plaisir de vous confirmer l'ouverture de votre compte bancaire chez CLC Paris 12ème. Nous sommes heureux de vous avoir parmi nos clients.
>
> Vous allez recevoir votre carte bancaire d'ici 7 jours.
>
> Je vous rappelle que votre agence est ouverte de 10 h à 19 h du mardi au vendredi, et de 10 h à 13 h le samedi.
>
> Pour information, l'agence est située au 20, rue des banquiers.
>
> À la sortie numéro 1 de la station ≪Monnaie≫, continuez tout droit jusqu'au carrefour. Tournez à droite puis prenez la deuxième rue à droite. N'hésitez pas à me contacter pour toute question au 01 29 39 49 59.
>
> Cordialement
>
> Mme Cervisse

Répondez aux questions suivantes.

1. Qu'annonce cette lettre ? *2 points*

    ☐ L'ouverture d'un compte bancaire
    ☐ L'ouverture d'une agence
    ☐ Le transfert d'un compte bancaire
    ☐ La fermeture d'un compte

2. Quand allez-vous recevoir votre carte bancaire ? *2 points*

    ☐ D'ici 7 jours
    ☐ D'ici 10 jours
    ☐ Dans 2 semaines
    ☐ On ne sait pas.

3   Où est la rue des banquiers ?   *3 points*

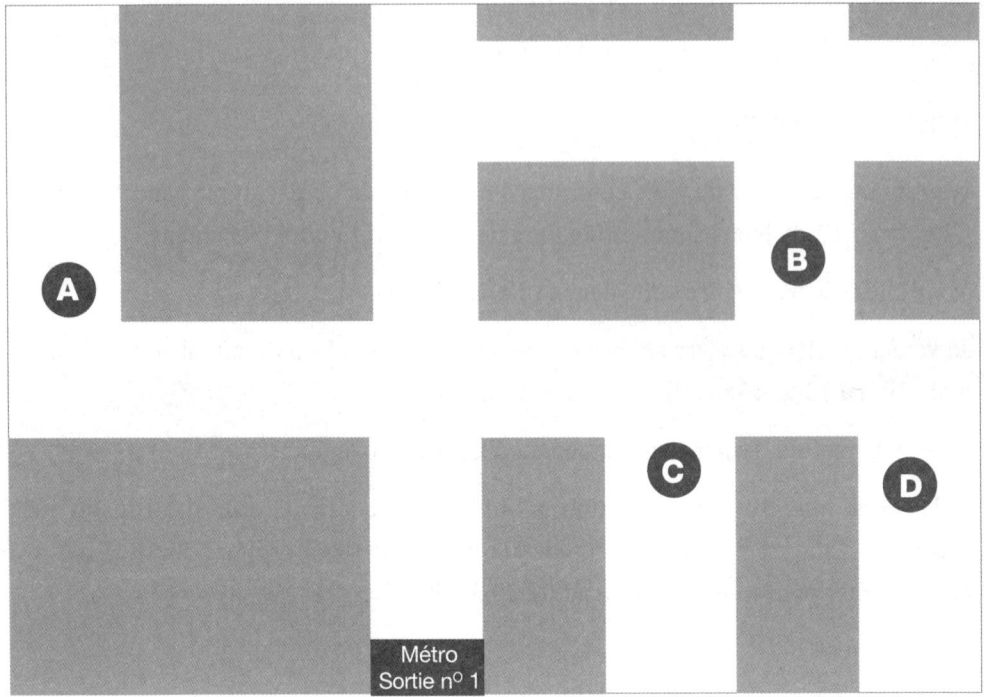

☐ Ⓐ

☐ Ⓑ

☐ Ⓒ

☐ Ⓓ

DELF A1

DOCUMENT DU CANDIDAT ÉPREUVES COLLECTIVES

Partie 3
PRODUCTION ÉCRITE
25 points

■ EXERCICE 1

10 points
1 point par bonne réponse

Vous demandez une carte de transport pour les jeunes. Remplissez ce formulaire d'inscription.

Fiche d'inscription « Carte Jeune » Carte de transport pour les 12-25 ans	
Civilité :	☐ Monsieur ☐ Madame
Nom :	
Prénom :	
Date de naissance :	
Adresse :	
Code postal :	
Ville :	
Téléphone portable :	
E-mail :	
☐ En cochant cette case, je reçois par e-mail des offres et des informations commerciales de la part des entreprises de transports en commun de Paris.	
Date : Signature :	

TEST 3

■ EXERCICE 2

15 points

Vous voulez partir en vacances à la montagne avec votre ami(e) français(e). Vous lui écrivez pour l'inviter et lui présenter les activités que vous pouvez faire ensemble.

[Nombre de mots: 40 à 50 mots]

DOCUMENT DU CANDIDAT ÉPREUVE INDIVIDUELLE

Partie 4
PRODUCTION ORALE
25 points

 T-06

L'épreuve se déroule en trois parties: un entretien dirigé, un échange d'informations et un dialogue simulé (ou jeu de rôle). Elle dure de 5 à 7 minutes. Vous disposez de 10 minutes de préparation pour les parties 2 et 3 (échange d'informations et un dialogue simulé).

■ Entretien Dirigé
1 minute environ

Répondez aux questions de l'examinateur sur vos goûts ou vos activités:

■ Échange d'informations
2 minutes environ

À partir des mots ci-dessous, posez des questions à l'examinateur.

Étudier ?	Lire ?	Viande ?
Tous les jours ?	Maison ?	Permis de conduire ?

■ Dialogue Simulé
2 minutes enviro

Vous allez simuler la situation suivante. Vous êtes le(la) client(e) et l'examinateur le réceptionniste.

> Vous voulez prendre un avion pour aller visiter Paris.
> Vous vous rendez dans une agence pour réserver un billet.

TEST 3

프랑스어능력인증시험 Diplôme d'Études en Langue Française

기초부터 실전까지 **한 권으로 끝내는**

NEW DELF

김선미·원승재·오솔잎 지음
Sébastien Lorquet 감수

A1

정답 및 해석

넥서스

프랑스어능력인증시험 Diplôme d'Études en Langue Française

기초부터 실전까지 한 권으로 끝내는

NEW
DELF

김선미·원승재·오솔잎 지음

Sébastien Lorquet 감수

A1

정답 및 해석

음원 바로듣기

SECTION 1 청취 평가 Compréhension de l'oral

1 Comprendre un message 메시지 이해

Exercice 다음 원어민 음성을 듣고 숫자를 써 보세요. 🎧 L-03   본문 24p

1 cent 100
2 quatre-vingt-un 81
3 quatre-vingt-onze 91
4 soixante-et-onze 71

Exercice 다음 원어민 음성을 듣고 시간을 써 보세요. 🎧 L-05   본문 26p

1 Il est six heures et demie. 6시 30분입니다.
2 Il est dix-neuf heures quinze. 19시 15분입니다.
3 Il est midi. 낮 12시입니다.
4 Il est minuit. 밤 12시입니다.

Exercice 다음 원어민 음성을 듣고 날짜와 연도를 써 보세요. 🎧 L-07   본문 27p

1 le premier juin deux mille vingt-trois 1er juin 2023 (01/06/2023)
2 le deux mai deux mille le 2 mai 2000 (02/05/2000)
3 le onze mars deux mille cinq le 11 mars 2005 (11/03/2005)
4 le dix juillet deux mille huit le 10 juillet 2008 (10/07/2008)

Exercice 다음 원어민 음성을 듣고 나이를 써 보세요. 🎧 L-09   본문 28p

1 J'ai vingt et un ans. 저는 21살입니다.
2 Elle a dix-neuf ans. 그녀는 19살입니다.
3 Il a trente-deux ans. 그는 32살입니다.
4 Vous avez quinze ans. 당신은 15살입니다.

Exercice 다음 원어민 음성을 듣고 가격을 써 보세요. 🎧 L-11   본문 30p

1 Ça coûte trois euros. 3유로입니다.
2 Ça coûte six euros. 6유로입니다.
3 Ça coûte sept euros. 7유로입니다.
4 Ça coûte vingt euros. 20유로입니다.

기초문제 🎧 L-12

1. 숫자
본문 31p

1 Téléphonez-moi au [07 06 90 88 20].
   저에게 07 06 90 88 20로 전화하세요.

2 Appelez-moi au [05 60 11 15 20].
   저에게 05 60 11 15 20로 전화하세요.

3 Rappelle-moi au [01 55 90 01 88].
   나에게 01 55 90 01 88로 (다시) 전화해.

4 Il faut composer le [06 50 62 77 80].
   06 50 62 77 80로 전화를 걸어야 합니다. (눌러야 합니다.)

2. 시간
본문 31p

1. Quelle heure est-il ?   Il est [12] h [30].
   몇 시예요?   12시 30분입니다.
2. Vous avez l'heure ?   Il est [11] h [15].
   몇 시예요?   11시 15분입니다.
3. Tu as l'heure ?   Il est [14] h [45].
   몇 시니?   14시 45분입니다.
4. Le magasin est ouvert à [09] h [30].
   가게는 9시 30분에 문을 엽니다.

3. 월/요일
본문 31p

1. Le festival est du [22] au [31] juin. 페스티벌은 6월 22일부터 31일까지입니다.
2. Nous sommes [dimanche]. 일요일입니다.
3. Nous sommes en [janvier]. 1월입니다.
4. Nous sommes le [20] [octobre]. 10월 20일입니다.

4. 나이
본문 32p

1. J'ai [20] ans. 저는 20살입니다.
2. Elle a deux sœurs de [11] et [15] ans.
   그녀는 11살과 15살의 두 자매가 있습니다.
3. Un homme de [19] ans et une femme de [25] ans.
   19세의 남자와 25세의 여자.
4. Entrée gratuite pour les enfants de moins de [12] ans.
   12세 이하의 어린이 무료 입장.

5. 가격
본문 32p

1. [240] euros s'il vous plaît. 240유로 주세요.
2. La place coûte [100] euros. 좌석은 100유로입니다.
3. L'entrée coûte [20] euros [60]. 입장료는 20.60유로입니다.
4. Le menu est à [50] euros. 메뉴는 50유로입니다.

모의문제

Exercice 1 🎧 L-14　　　　　　　　　　　　　　　　　　본문 34p

> 여러분은 자료를 2번 듣습니다. 중간에 30초 멈춘 후 다시 2번째 듣기를 실시하고 30초 동안 답을 확인할 수 있습니다. 문제를 읽어 보세요.

> En raison de la tempête de neige, le train de 10 h à destination de Lyon est supprimé. Prochain train pour Lyon à 11 h, départ voie B.
>
> 폭설 때문에 리옹행 10시 기차가 취소되었습니다. 다음 번 리옹행 기차는 11시이며, 플랫폼 B번에서 출발합니다.

질문에 답해 보세요.

1 이 메시지는 …
- ☐ 기차가 늦음을 알립니다.
- ☐ 기차가 출발함을 알립니다.
- ■ 기차가 취소됨을 알립니다.

2 다음 번 기차는 … 있습니다.
- ☐ 10시 15분에.
- ☐ 11시 30분에.
- ■ 11시에.

Exercice 2 🎧 L-15　　　　　　　　　　　　　　　　　　본문 34p

> 여러분은 자료를 2번 듣습니다. 중간에 30초 멈춘 후 다시 2번째 듣기를 실시하고 30초 동안 답을 확인할 수 있습니다. 문제를 읽어 보세요.

> ≪Notre-Dame de Paris≫ se joue tous les soirs à 20 heures sauf le jeudi. Le tarif est de vingt euros.
>
> <노트르담 드 파리> 공연이 목요일을 제외하고 매일 저녁 20시에 공연됩니다. 공연 가격은 20유로입니다.

질문에 답해 보세요.

1 몇 시에 상영됩니까?

　　■ 20시에　　　　□ 21시에　　　　□ 22시에

2 공연은 매일 저녁 상영됩니다.

　　□ 참　　　　■ 거짓　　　　□ 모른다

Exercice 3 🎧 L-16   본문 35p

여러분은 자료를 2번 듣습니다. 중간에 30초 멈춘 후 다시 2번째 듣기를 실시하고 30초 동안 답을 확인할 수 있습니다. 문제를 읽어 보세요.

> Le vol Air France 905 à destination de Paris va décoller tout de suite.
> Nous allons vous offrir des boissons dans une demi-heure environ.
> Nous vous remercions de votre attention.
>
> 파리행 905번 에어프랑스 비행편이 곧 이륙할 것입니다.
> 약 30분 후에 여러분께 음료를 제공해 드리겠습니다.
> 안내 방송에 주목해 주셔서 감사합니다.

질문에 답해 보세요.

1 이 메시지는 … 비행편 승객들에게 알리는 것입니다.

　　□ AF 950.　　　　■ AF 905.　　　　□ AF 915.

2 비행기는 … 할 것입니다.

　　■ 바로 이륙할 것입니다.
　　□ 바로 도착할 것입니다.
　　□ 바로 머무를 것입니다.

2 Comprendre une annonce 광고 이해

Exercice 다음 원어민 음성을 듣고 해석해 보세요. 🎧 L-18   본문 37p

1 Il fait mauvais. 날씨가 나쁩니다.
2 Il fait froid. 날씨가 춥습니다.
3 Il pleut. 비가 내립니다.
4 Il neige. 눈이 내립니다.

Exercice 다음 원어민 음성을 듣고 해석해 보세요. 🎧 L-20   본문 39p

1 Allez tout droit. 똑바로 가세요.
2 Tournez à gauche. 왼쪽으로 도세요.
3 Le chat est à côte de la table. 고양이가 테이블 옆에 있습니다.
4 Il y a un livre sur la table. 책이 테이블 위에 있습니다.

Exercice 다음 원어민 음성을 듣고 해석해 보세요. 🎧 L-22   본문 41p

1 Je vais aller au musée du Louvre en voiture.
   나는 루브르 박물관을 자동차로 갈 것입니다.
2 Elle va à la maison à pied.
   그녀는 걸어서 집에 갑니다.
3 Il y a une bibliothèque en face de ma maison.
   나의 집 앞에 도서관이 있습니다.
4 Je suis en train de chercher le restaurant.
   나는 레스토랑을 찾고 있는 중입니다.

기초문제 🎧 L-23

1. 날씨/계절
본문 42p

1. Il y a du [vent]. 바람이 붑니다.
2. Il y a des [nuages] dans le ciel. 하늘에 구름이 있습니다.
3. Il fait [beau] en [été]. 여름에는 날씨가 좋습니다.
4. Il ne [pleut] pas beaucoup. 비가 많이 오지 않습니다.

2. 위치/길 찾기
본문 42p

1. Vous prenez la [première] [rue].
   첫 번째 길로 가세요.
2. Il y a un chien [sous] la table.
   테이블 아래에 개가 있습니다.
3. Vous m'attendez [devant] le cinéma.
   당신은 영화관 앞에서 나를 기다립니다.
4. Il y a un chat [derrière] le panier.
   바구니 뒤에 고양이가 있습니다.

3. 장소/대중교통
본문 43p

1. Il y a [un musée] dans le quartier.
   이 동네에 박물관이 있습니다.
2. Y a-t-il [une station] [de métro] ici ?
   여기에 지하철 역이 있습니까?
3. Je vais [prendre] [le bus].
   나는 버스를 곧 탈 것입니다.
4. Ça prend environ 6 heures [en train].
   기차로 약 6시간 걸립니다.

모의문제

Exercice 1 🎧 L-25   본문 46p

여러분은 자료를 2번 듣습니다. 중간에 30초 멈춘 후 다시 2번째 듣기를 실시하고 30초 동안 답을 확인할 수 있습니다. 문제를 읽어 보세요.

A: Bonjour, madame !
   Pour aller à Notre-Dame de Paris, s'il vous plaît ?
B: Vous devez prendre le métro ligne 4.
   Regardez, là-bas, il y a une station de métro.
A: Merci, madame.

A: 안녕하세요, 부인!
   노트르담 대성당을 가려고 하는데요?
B: 4호선 지하철을 타야만 합니다.
   보세요, 저기, 지하철 역이 있네요.
A: 고맙습니다, 부인.

질문에 답해 보세요.

1 어느 장소를 방문할 것입니까?

　☐ a　　　　　■ b　　　　　☐ c

2 지하철 몇 호선을 타야 합니까?

　■ 4호선　　　　☐ 6호선　　　　☐ 14호선

Exercice 2

본문 46p

여러분은 자료를 2번 듣습니다. 중간에 30초 멈춘 후 다시 2번째 듣기를 실시하고 30초 동안 답을 확인할 수 있습니다. 문제를 읽어 보세요.

> A: Qu'est-ce qu'il fait beau aujourd'hui !
>
> B: Oh oui, c'est vraiment agréable.
> Tu veux jouer au tennis avec moi ?
>
> A: D'accord, on se voit au parc devant ma maison.
> Faisons un pique-nique dans la forêt après le sport !
>
> A: 오늘 날씨가 무척 좋은데!
> B: 우와 맞아, 정말 상쾌해.
> 나와 함께 테니스 칠래?
> A: 좋아, 우리 집 앞에 있는 공원에서 만나자.
> 운동 후에 숲에서 피크닉 하자!

질문에 답해 보세요.

1 공원은 어디에 있습니까?
   ☐ 집 정면에
   ☐ 집 뒤에
   ■ 집 앞에

2 당신은 어디에서 피크닉을 할 것입니까?
   ☐ 집 안에서
   ■ 숲에서
   ☐ 공원 안에서

 본문 47p

여러분은 자료를 2번 듣습니다. 중간에 30초 멈춘 후 다시 2번째 듣기를 실시하고 30초 동안 답을 확인할 수 있습니다. 문제를 읽어 보세요.

Votre attention, s'il vous plaît.
Le magasin Cora fermera dans 10 minutes. Veuillez vous rendre à la caisse pour régler vos achats.
Nous vous rappelons également que suite à un événement, nous prévoyons beaucoup de circulation demain. Veuillez utiliser les transports en commun.
Merci.

주목해 주세요.
코라 가게는 10분 후에 문을 닫을 것입니다. 구매한 물건을 결제하려면 계산대로 가시기 바랍니다.
또한 내일은 행사로 인해 많은 교통 체증이 있을 것으로 예상된다는 점을 알려드립니다. 대중교통을 이용해 주세요.
감사합니다.

질문에 답해 보세요.

1 당신은 이 알림을 어디서 들을 수 있습니까?
□ 도서관에서
■ 가게에서
□ 병원에서

2 어떤 장소가 닫힐 것입니까?

□ a   ■ b   □ c

3 당신은 어떤 교통수단을 이용해야 합니까?
■ 대중교통   □ 자동차   □ 모른다

3 Comprendre une conversation 대화 이해

Exercice 다음 원어민 음성을 듣고 해석해 보세요. 🎧 L-30 본문 49p

1. J'aime le vert. 저는 초록색을 좋아합니다.
2. Vous acceptez la carte ? 카드를 받나요?
3. Je voudrais connaître le tarif enfant. 저는 어린이 요금을 알고 싶습니다.
4. Quel est le tarif de groupe ? 단체 요금은 얼마입니까?

Exercice 다음 원어민 음성을 듣고 해석해 보세요. 🎧 L-33 본문 51p

1. Je suis journaliste. 저는 기자입니다.
2. J'étudie le coréen. 저는 한국어를 공부합니다.
3. Je vais aller en France pour étudier le français.
   저는 프랑스어를 공부하기 위해 프랑스에 갈 것입니다.
4. Je voudrais devenir acteur. 저는 배우가 되기를 원합니다.

Exercice 다음 원어민 음성을 듣고 해석해 보세요. 🎧 L-35 본문 53p

1. Je voudrais la salade, s'il vous plaît. 저는 샐러드를 원해요.
2. Vous avez du fromage ? 치즈 있나요?
3. Voulez-vous la glace ? 아이스크림을 원하세요?
4. Un litre de lait, s'il vous plaît. 우유 1리터 주세요.

기초문제 🎧 L-36

1. 색깔/요금 본문 54p

1. C'est [une jupe] [bleue]. 이것은 파란색 치마입니다.
2. Les places sont au prix de 4,50 euros pour [les enfants].
   어린이 좌석은 4.50유로입니다.
3. J'aime bien [le rouge]. 저는 빨강색을 좋아합니다.
4. Vous avez 20% de [réduction] sur les bonbons.
   사탕류에 20퍼센트 할인 혜택이 있습니다.

2. 직업/과목 본문 54p

1. Je suis [professeur]. 저는 교수입니다.
2. Je fais des études [d'anglais]. 저는 영어를 전공합니다.
3. J'étudie [le japonais]. 저는 일본어를 공부합니다.
4. Quelle est votre [profession] ? 당신의 직업은 무엇입니까?

3. 디저트/빵/음료 본문 55p

1. On va vous offrir [une salade] fraîche avec une [boisson].
   우리는 당신에게 신선한 샐러드와 음료수를 제공할 것입니다.
2. Je vais boire [de la bière]. 저는 맥주를 마실 것입니다.
3. Voulez-vous [du vin] ? 당신은 포도주를 원합니까?
4. [Un café], s'il vous plaît. 커피 한 잔 주세요.

모의문제

Exercice 1 🎧 L-38　　　　　　　　　　　　　　　　　본문 58p

여러분은 자료를 2번 듣습니다. 중간에 30초 멈춘 후 다시 2번째 듣기를 실시하고 30초 동안 답을 확인할 수 있습니다. 문제를 읽어 보세요.

> Bonjour !
> Votre boulangerie Ochant fête ses 20 ans avec une remise de 50% sur les macarons. De plus, si vous achetez 3 croissants, le quatrième est offert.
> Ne manquez pas cette opportunité.
>
> 안녕하세요!
> 오성 빵집은 20주년을 맞이하여 마카롱을 50퍼센트 할인해 드립니다.
> 게다가 크루아상 3개를 구입하면, 4번째 크루아상은 무료로 드립니다.
> 좋은 기회를 놓치지 마세요.

1 어떤 제품을 50퍼센트 할인합니까?

　☐ a　　　　☐ b　　　　■ c

2 만약 크루아상 3개를 산다면 …
　　■ 4번째 빵은 무료입니다.
　　☐ 3번째 빵은 무료입니다.
　　☐ 2번째 빵은 무료입니다.

Exercice 2

본문 58p

여러분은 자료를 2번 듣습니다. 중간에 30초 멈춘 후 다시 2번째 듣기를 실시하고 30초 동안 답을 확인할 수 있습니다. 문제를 읽어 보세요.

Salut,

Ce soir, je vais regarder un film avec Jean.

La séance finit à 22 h.

Après, nous allons boire de la bière jusqu'à minuit.

Si tu veux venir, pas de problème.

Envoie-moi un texto pour me le dire.

안녕,

오늘 저녁, 나는 쟝과 함께 영화를 볼 거야.

영화는 (상영이) 22시에 끝나.

그 후에, 우리는 자정까지 맥주를 마실 거야.

만약 너도 오고 싶으면, 문제가 안 돼.

나에게 문자로 알려줘.

---

1 당신은 어디에 갑니까?

☐ 가게
☐ 학교
■ 영화관

2 자정까지 당신은 무엇을 할 것입니까?

☐ 뭔가를 먹는다.
☐ 표를 요구한다.
■ 맥주를 마신다.

Exercice 3

본문 59p

여러분은 자료를 2번 듣습니다. 중간에 30초 멈춘 후 다시 2번째 듣기를 실시하고 30초 동안 답을 확인할 수 있습니다. 문제를 읽어 보세요.

Le vol Air France 702 à destination de Paris va décoller tout de suite.

Nous allons vous servir des sandwichs avec des boissons dans quelques minutes.

Veuillez vérifier votre ceinture de sécurité.

Nous vous remercions de votre attention.

에어프랑스 702편 파리행 비행기가 곧 이륙할 것입니다

잠시 후에 음료와 함께 샌드위치를 제공해 드릴 것입니다.

안전벨트를 확인해 주세요.

안내 방송에 주목해 주셔서 감사합니다.

---

1 당신은 무엇을 먹을 수 있습니까?

☐ a   ■ b   ☐ c

2 당신은 무엇을 확인해야 합니까?

■ 안전벨트를 확인해야 합니다.
☐ 음식을 주문해야 합니다.
☐ 자리를 바꿔야 합니다.

SECTION 2 독해 평가 Compréhension des écrits

1 Comprendre des instructions 지침서 이해

Exercice 다음을 해석해 보세요. 본문 65p

1 그는 매주 금요일 밤마다 친구들과 외출한다.

2 너는 매일 커피를 마신다.

Exercice 다음을 해석해 보고, 질문에 한국어로 답해 보세요. 본문 67p

1 아침마다 폴은 건강을 위해 자주 걸어서 출근합니다.

누가? 폴이   언제? 아침에

무엇을? 출근한다.   어떻게? 걸어서

왜? 건강을 위해서

2 오늘 장은 하루 종일 학교에 나오지 않았다.

누가? 쟝이   언제? 오늘

어디? 학교에   무엇을? 하루 종일 나오지 않았다.

기초문제

1. 빈도
본문 68p

댄스 클럽

학부모 여러분, 9월 1일 토요일, 저희 클럽의 댄스 수업과 관련하여 설명회가 열립니다.

> 발레: 14시 30분
> 모던 재즈 댄스: 16시 30분
> 살사 댄스: 18시 30분

각 설명회는 약 1시간 30분 진행됩니다.

2. 프로그램/시간표
본문 69p

(A)의 저녁 프로그램

TF 1	France 2	France 3	France 5
18시: (B) <3명의 소녀들>	18시 30: (C) 19시: (D) 19시 10분: (E)	19시: (F) <타이타닉>	19시 10: (G) <열린 정신>

(A) 6월 1일 금요일
(B) 시리즈
(C) 뉴스
(D) 날씨
(E) 스포츠 뉴스
(F) 영화
(G) 다큐멘터리

모의문제

Exercice 1 당신은 TV 프로그램을 보고 있습니다. 질문에 답해 보세요.   본문 71p

3월 1일 금요일 저녁 프로그램

TF1	France 2	France 3	France 5
20시: 시리즈 <비밀의 정원>	20시: 뉴스 <20시 뉴스> 20시 40분 날씨	20시 15분: 수사 <24시>	19시 45분: 다큐멘터리 <정글의 동물들>

1 시리즈물은 몇 시에 시작합니까?
  ☐ 19시 45분
  ■ 20시
  ☐ 20시 15분
  ☐ 20시 40분

2 <24시>는 어떤 종류의 프로그램입니까?
  ☐ 토론
  ☐ 시리즈물
  ☐ 영화
  ■ 수사

3 다큐멘터리의 주제는 무엇입니까?
  ■ 동물
  ☐ 음악
  ☐ 요리
  ☐ 정치

Exercice 2 당신은 한 회사의 비서입니다. 여기 당신 상사의 스케줄이 있습니다. 질문에 답해 보세요.

본문 72p

월	화	수	목	금
10시-12시 팀 회의 12시 30분-14시 페라리 씨와의 정오 미팅 16시-17시 지원자와 면접	10시-18시 뚤루즈 출장	9시-10시 포르셰 씨와의 아침식사 14시-16시 교육 연수	8시 30분-10시 30분 마케팅 팀과의 회의 12시-14시 메르세데스 씨와의 점심 18시-19시 부장님과 회의	9시-17시 파리 엑스포에서 열리는 세계 자동차 박람회

1 무슨 요일에 뚤루즈 출장이 있습니까?
■ 화요일
☐ 수요일
☐ 목요일
☐ 금요일

2 이번 주에는 점심 시간 동안 약속이 몇 번 있습니까?
☐ 0번
☐ 1번
■ 2번
☐ 3번

3 당신 상사는 마케팅 팀과 언제 만납니까?
   ☐ 월요일 10시
   ☐ 수요일 9시
   ■ 목요일 8시 30분
   ☐ 목요일 12시

4 이번 주 목요일 18시에는 무엇이 예정되어 있습니까?
   ☐ 페라리 씨와 약속이 있습니다.
   ☐ 출장이 있습니다.
   ☐ 지원자와 면접이 있습니다.
   ■ 부장을 만납니다.

5 무슨 요일에 자동차 박람회가 열립니까?
   ☐ 월요일
   ☐ 화요일
   ☐ 목요일
   ■ 금요일

Exercice 3   당신은 인터넷에서 다음의 자료를 찾아 봅니다. 질문에 답해 보세요.   본문 74p

올 여름 Nitflex는 어린이와 가족을 위한 새로운 영화와 시리즈물을 제안합니다.

우선 저희가 특별히 고른 5편의 영화를 소개합니다.

<Notre planète II>는 6월 16일부터 <Le roi Singe>는 6월 30일부터 공개됩니다.

7월 1일에는 영화 2편, <Lego Ninjakom>와 <Gobby et la maison magique>가 나옵니다. 마지막으로 <La petite sirène>이 8월 18일 찾아옵니다.

어린 시청자들에게 많은 기대를 받고 있는 3편의 시리즈물의 공개 날짜는 다음과 같습니다. <La Team des 4>가 6월 1일로 예정되어 있습니다. <C'est du gâteau>의 새로운 시리즈가 7월 13일에, <Sony>가 8월 7일에 찾아옵니다.

전체 편성표는 저희 웹사이트 www.nitflex.fr/jeunesseetfamille에서 보실 수 있습니다.

---

1   이 자료는 무엇을 알리고 있습니까?
- ☐ 새 서적 출간
- ■ 새 시리즈물 출시
- ☐ 영화 클럽 소개
- ☐ 놀이 공원 소개

2   이 자료는 어떤 대중을 위한 것입니까?
- ■ 청소년/가족
- ☐ 중노년
- ☐ 커플
- ☐ 축구팬

3 언제 2개의 영화가 동시에 나옵니까?
   ☐ 6월 1일
   ☐ 6월 30일
   ■ 7월 1일
   ☐ 8월 7일

4 이 자료에 따르면 올 여름 몇 개의 시리즈물이 나옵니까?
   ■ 3
   ☐ 5
   ☐ 6
   ☐ 7

5 8월 7일에는 무엇이 공개됩니까?
   ■ 소니
   ☐ 작은 인어
   ☐ 그건 누워서 떡 먹기지
   ☐ 고비와 마법의 집

2 Comprendre des informations 정보 이해

Exercice 다음을 해석해 보세요. 본문 77p

1 사무실까지 곧장 가세요.

2 시청은 빅토르 위고 가에 있어요.

Exercice 다음을 해석해 보세요. 본문 80p

1 2룸 (거실 1, 방 1), 가구 없음, 지하철 역까지 걸어서 10분

2 학생용 방 임대, 가구 있음, 대학 근처, 물과 난방 포함하여 300유로

Exercice 다음을 해석해 보세요. 본문 81p

1 도서관 안에서 조용히 하는 것은 의무입니다.

2 영화 상영 중에는 당신의 핸드폰을 꺼 주세요.

기초문제

1. 장소/주소
본문 82p

지하철 출구에서, 오른쪽으로 도세요. 그리고 왼쪽 첫 번째 길로 들어서세요.
시청은 우체국과 꽃집 사이에 있습니다.

2. 광고
본문 82p

청소와 아이 돌봄 제안합니다.
세리유즈 부인
08 11 22 33 44

부동산에서 비서를 찾습니다.
풀타임
job@agenceimmo.fr

3. 안내
본문 83p

2살에서 8살까지의 어린이들을 위한 놀이 공간,

부모의 감독하에 이용 가능

파리 시청에서 관리

전화번호 01 09 08 05 03

모의문제

Exercice 1 당신은 프랑스에 있습니다. 신문에서 다음과 같은 광고를 읽습니다. 질문에 답해 보세요.

본문 85p

요리사 업무
<돌체 비타> 식당이 요리사를 구합니다. 풀 타임 근무, 월요일부터 금요일까지, 이력서는 job@dolcevita.com으로 보내 주세요.

역전 빵집에서 1년 동안 월요일부터 금요일, 12시와 14시 사이에 일할 점원을 찾습니다. 당신의 이력서는 1월 10일 전까지 매장으로 바로 가져와 주세요.

시립 수영장에서 수영 선생님을 찾습니다. 매주 월요일, 수요일, 금요일 9시부터 17시까지 근무, 이력서와 동기서는 travail@piscine.com으로 보내세요.

<카페 ABC>는 주말마다 17시부터 22시까지 일할 종업원들을 찾습니다. 이력서와 동기서는 job@cafeabc.com으로 보내세요.

---

1 한 요리사가 일을 찾고 있습니다. 그는 누구에게 연락할까요?

- ■ <돌체 비타>
- ☐ 역전 빵집
- ☐ 시립 수영장
- ☐ <카페 ABC>

2 빵집은 얼마 동안의 일을 제안합니까?

- ☐ 1개월
- ☐ 3개월
- ☐ 6개월
- ■ 1년

3 수영 선생님은 어떤 메일 주소로 이력서를 보내야 합니까?

- ☐ job@dolcevita.com
- ■ travail@piscine.com
- ☐ job@cafeabc.com
- ☐ 수영장으로 바로 가지고 가야 합니다.

Exercice 2 당신은 출발 지점(x)에 있습니다. 질문에 답해 보세요.   본문 86p

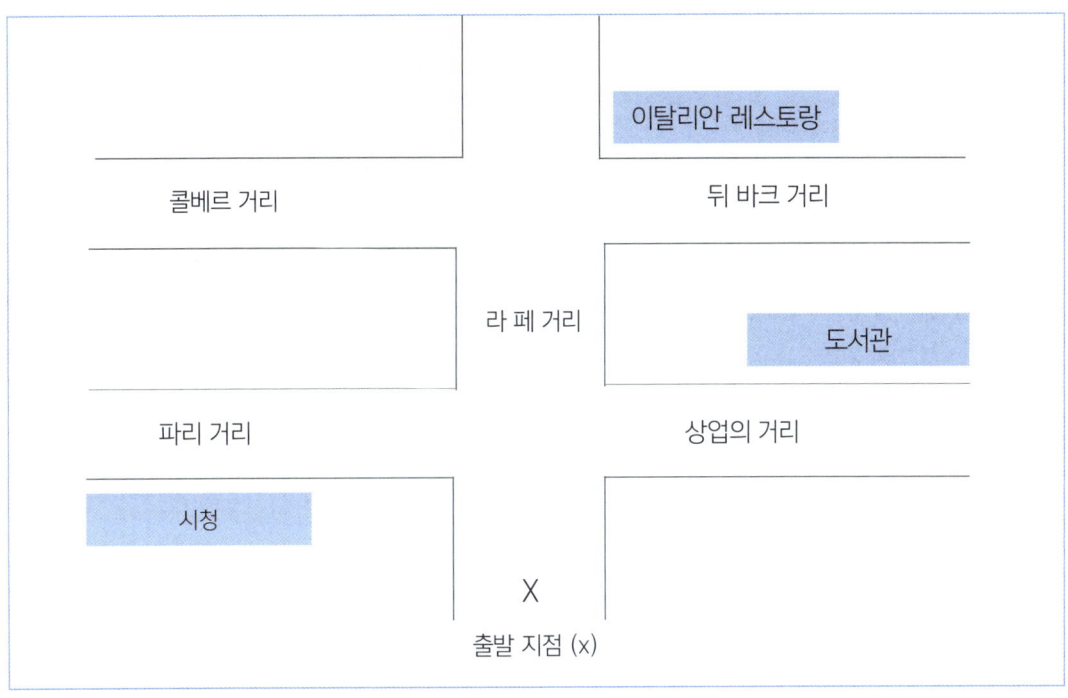

1 당신은 현재 …에 있습니다.
   ☐ 콜베르 거리
   ☐ 뒤 바크 거리
   ☐ 상업의 거리
   ■ 라 페 거리

2 도서관에 가려면 사거리까지 간 후 …
   ☐ 좌회전하세요.
   ■ 우회전하세요.
   ☐ 직진하세요.
   ☐ 파리 거리로 가세요.

3 이탈리안 식당에 가려면 …
    □ 파리 거리로 가세요.
    □ 왼편 첫 번째 거리로 가세요.
    □ 오른편 첫 번째 거리로 가세요.
    ■ 오른편 2번째 거리로 가세요.

4 출발점에서 콜베르 거리는 …에 위치해 있습니다.
    □ 왼편 첫 번째 거리
    □ 오른편 첫 번째 거리
    ■ 왼편 2번째 거리
    □ 오른편 2번째 거리

Exercice 3 당신은 도서관에 있습니다. 다음 자료를 찾습니다. 질문에 답해 보세요.   본문 88p

생텍쥐페리 도서관

운영 시간: 10시-19시, 화요일부터 토요일

일인당 책/매거진 5권, DVD 4개, 3주간 대여

가입비: 연간 20유로

도서관에서 지켜야 할 사항들

1. 대여 기간 준수하기

2. 책과 자료들 소중히 다루기

3. 정숙하기

4. 공간을 깨끗하게 유지하기

5. 10살 이하는 어른과 함께 오기

1 어떤 요일에 도서관은 문을 닫습니까?
- ■ 월요일
- ☐ 목요일
- ☐ 금요일
- ☐ 토요일

2 일인당 3주간 몇 권의 책을 빌릴 수 있습니까?
- ☐ 3
- ☐ 4
- ■ 5
- ☐ 9

3 얼마 동안 매거진을 빌릴 수 있습니까?
- ☐ 1주
- ☐ 2주
- ■ 3주
- ☐ 알 수 없음

4 가입비는 얼마입니까 ?
- ☐ 무료
- ☐ 10유로
- ■ 20유로
- ☐ 30유로

3 Comprendre une correspondance 서신 이해

Exercice 다음을 해석해 보세요. 본문 91p

1 저는 편지를 잘 받았습니다.

2 저는 이메일을 보낼 것입니다.

Exercice 다음을 해석해 보세요. 본문 93p

1 저희 호텔에서 당신의 예약을 확인해 드립니다.

2 그녀는 퇴근합니다.

기초문제

1. 편지/이메일
본문 94p

발신자: secretaire@mail.fr
수신자: chef@mail.fr
제목: 고객의 메시지

안녕하세요 스테판,
지금 방금 저희의 파트너로부터 답변을 받았어요. 당신에게 그것을 전달해 드립니다.
좋은 하루 되세요,
아니

2. 예약
본문 95p

안녕하세요 베르나르 부인,
오늘 13시에 저희 사무실에서 있을 당신의 예약을 확인해 드립니다.
진심으로,
마르땡

모의문제

Exercice 1 당신은 방금 이 이메일을 받았습니다. 질문에 답해 보세요. 본문 97

제목: 주문 확인

안녕하세요 실비,

당신의 주문 n° 1024가 승인되었습니다. 당신의 주문품이 저희 가게에 준비되는 즉시 메시지를 보내드리겠습니다.

지불서:

배달비	무료
보라색 드레스	20유로
총 금액	20유로

지불 방법: 은행카드

당신의 주문 상황을 확인하고 싶으시면, 고객 공간에 로그인하세요.

주문해 주셔서 감사합니다.

<세계의 드레스> 팀

---

1 이 메시지는 … 보냅니다.
- ■ 옷 가게가
- □ 장식 가게가
- □ 신발 가게가
- □ 배달원이

2 주문품은 … 배달됩니다.
   ■ 가게로
   □ 실비의 집으로
   □ 우체국으로
   □ 은행으로

3 실비가 산 것은 무엇입니까?
   □ 치마
   □ 신발 한 켤레
   ■ 원피스
   □ 코트

4 실비는 자신의 주문을 어떻게 지불했습니까?
   □ 개인수표로
   □ 현금으로
   ■ 카드로
   □ 알 수 없음

Exercice 2 당신은 막 이 이메일을 받았습니다. 질문에 답해 보세요.   본문 99p

발신자: Xavier@mail.fr

수신자: Suzy@mail.fr

안녕 수지,

잘 지내니?

나는 어제 프랑스에 도착했어. 이번 주는 파리를 방문해. 오늘은 루브르 박물관을 방문했고, 박물관 정원에서 피크닉을 했어. 내일은 파리 노트르담 대성당을 둘러보고 센 강변을 산책할 거야. 그 다음 며칠은 에펠탑과 몽마르트를 보러 갈 거야. 이메일로 너에게 몇 장의 사진 보내. 파리를 여행해서 너무 기뻐.

너도 중국에서 바캉스 잘 보내길 바랄게!

자비에

---

1 오늘 자비에는 … 방문했습니다.

■ 루브르 박물관을
☐ 대성당을
☐ 에펠탑을
☐ 몽마르트를

2 그는 내일 무엇을 합니까?

☐ 정원에서 피크닉 하기
■ 대성당 방문하기
☐ 에펠탑 방문하기
☐ 몽마르트 방문하기

3 틀린 문장을 고르세요.

　　☐ 자비에는 어제 프랑스에 도착했다.
　　☐ 자비에는 파리에서 일 주일간 머문다.
　　■ 내일 그는 에펠탑에 간다.
　　☐ 자비에는 수지와 그의 사진들을 공유한다.

4 수지는 어디서 바캉스를 보냅니까?

　　☐ 프랑스에서
　　☐ 독일에서
　　☐ 한국에서
　　■ 중국에서

Exercice 3 당신은 막 이 이메일을 받았습니다. 질문에 답해 보세요. 본문 101p

발신자: contact@theatre-tout-beau.fr

수신자: pierre@mail.fr

제목: 10월 11일 토요일 공연

안녕하세요,

<수탉왕> 공연이 내일 14시에 열립니다. 저희 극장에서 여러분을 맞이하게 되어 기쁩니다.

> 공연 소요 시간: 1시간 30분
>
> 장소: 몰리에르 실

티켓을 꼭 지참하시기 바랍니다. 공연 시작 15분 전에 오셔야 함을 알려드립니다. 사진 촬영(카메라)은 공연장 내에서 금지됩니다. 공연 중에 먹는 것은 금지됩니다.

여러분의 양해 감사드립니다.

뚜-보 극장 팀

---

1 공연은 몇 시에 끝납니까?
- ☐ 14시
- ☐ 15시
- ■ 15시 30분
- ☐ 16시

2 틀린 답을 찾으세요.
- ☐ 티켓을 가져와야 합니다.
- ☐ 공연 중 먹으면 안 됩니다.
- ■ 14시에 도착해야 합니다.
- ☐ 공연 중 사진을 찍을 수 없습니다.

SECTION 3 작문 평가 Production écrite

1 Donner des informations 정보 주기

Exercice 다음을 해석해 보세요.   본문 108p

Nom	성
Prénom	이름
Date de naissance	생년월일
Nationalité	국적
Adresse complète	전체 주소
Téléphone	전화번호
Courriel	이메일

Exercice 다음을 해석해 보세요.   본문 109p

Fiche d'inscription	가입 신청서
Abonnement	정기 구독
Carte de fidélité	멤버십 카드
Profession	직업
Loisirs préférés	좋아하는 여가 활동
Âge	나이

기초문제

1. 서식

본문 110p

> 셀린, 리옹, 디옹, 1995년 1월 1일, 라 페 거리 3번가, 69000, 가수, celine.dion@mail.com

Nom 성	Dion
Prénom 이름	Céline
Date de naissance 생년월일	le 1er janvier 1995
Profession 직업	Chanteuse
Adresse 주소	3 rue de la Paix
Code postal 우편번호	69000
Ville 도시	Lyon
Courrier électronique 이메일	celine.dion@mail.com

2. 카드 작성

본문 111p

스포츠 센터
등록 신청서

Civilité 호칭	■ Madame ☐ Monsieur
Nom 성	Prévot
Prénom 이름	Célia
Date de naissance 생년월일	Le 4 février 2008
Adresse 주소	4 rue St Nicolas
Code postal 우편번호	75002
Ville 도시	Paris
Téléphone portable 전화번호	07 98 09 01 01
Courrier électronique 이메일	celia.prévot@mail.fr
Sports pratiqués 자주 하는 운동	tennis et natation

모의문제

Exercice 당신은 스포츠 클럽에서 일합니다. 한 사람이 당신에게 이 메시지를 보냅니다. 이것을 읽고, 이 사람의 등록 신청서를 작성해 보세요.

본문 114p

안녕하세요,

제 이름은 마끄 쥬누입니다.

저는 당신의 스포츠 클럽에 등록하기를 희망합니다. 저는 2008년 12월 20일에 태어났습니다. 파리 19구역의 샹피옹 거리 14번지에 삽니다. 저는 현재 경영 학교의 학생입니다. 저는 운동을 좋아하며, 수영과 테니스를 자주 합니다.

저는 건강에 아무 문제가 없습니다.

저의 휴대전화 번호를 남깁니다: 06 01 02 03 04

스포츠 플러스
등록 신청서

성: Genoux	이름: Marc
생년월일: le 20 décembre 2008	성별: masculin
주소: 14 rue des champions	
우편번호: 75019	도시: Paris
휴대전화: 06 01 02 03 04	직업: étudiant

당신은 건강상에 문제가 있습니까?
☐ 예   ■ 아니오

있다면 무엇입니까?

2 Inviter quelqu'un 특정 사람 초대하기

Exercice 다음을 프랑스어로 써 보세요. 본문 116p

1 J'aimerais t'inviter chez moi ce soir.

2 Merci pour votre réponse rapide.

Exercice 다음을 프랑스어로 써 보세요. 본문 117p

1 J'accepte votre invitation avec plaisir.

2 Merci pour l'invitation mais je ne suis pas disponible.

기초문제

1. 초대 본문 118p

- 너가 오면 난 너무 기쁠 거야.
- 4월 5일 집에서 생일 파티를 열 거야.
- 다음 주에 내 생일이 있어.
- 저녁식사 하고 케이크 같이 먹자.
- 파티는 19시부터 시작해.

Salut Alice,

Comment ça va ?

La semaine prochaine il y a mon anniversaire.

J'organise une fête d'anniversaire le vendredi 5 avril à la maison.

Ça commence à partir de 19 h.

On va dîner et partager un gâteau ensemble.

Je serai très contente si tu peux venir.

J'attends ta réponse !

Je t'embrasse.

Mira

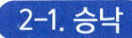 2-1. 승낙

- 내게 아이디어를 좀 줄 수 있니?

- 너의 초대 정말 고마워.

- 곧 보자!

- 너의 아들의 세례식에 기꺼이 갈 거야.

- 그에게 축하 선물을 해주고 싶어.

Salut Marie,

Tu vas bien ?

Merci beaucoup pour ton invitation, je suis très heureuse.

Je viendrai avec plaisir au baptême de ton fils.

J'aimerais lui offrir un cadeau pour le féliciter.

Est-ce que tu peux me donner des idées ?

J'espère que tout se prépare bien.

A bientôt !

Mathilde

 2-2. 거절

- 아름다운 결혼식이 되기를 기원합니다.

- 일 때문에 중국으로 떠나야 하거든요.

- 진심으로 축하드립니다!

- 정말 함께하고 싶지만 그날 저는 시간이 되지 않습니다.

- 당신의 결혼 소식을 알게 되어 정말 기쁩니다.

Bonjour,

Je suis très contente d'apprendre votre mariage. Toutes mes félicitations !

Merci pour votre invitation.

J'aimerais beaucoup être avec vous, mais je ne suis pas disponible ce jour.

Je dois partir en Chine pour mon travail.

J'espère vous revoir après mon retour.

Je vous souhaite une très belle cérémonie de mariage.

모의문제

Exercice 당신은 얼마 전에 서울로 이사 왔습니다. 당신의 펜팔 친구에게 당신의 소식을 전하는 글을 써 보세요. 당신의 변화, 서울에서의 삶에 대해 말해 보세요.

본문122p

Salut Paul,

Je n'ai pas pu t'écrire en ce moment, car j'étais occupée avec le déménagement.

Ça y est, je suis à Séoul. Tout se passe bien. Mon appartement est joli, le quartier est très calme et les voisins sont gentils.

Je commence mon école de cuisine la semaine prochaine, ça va être vraiment amusant !

Et toi ? Tout va bien à Nantes ? As-tu repris ton travail après les vacances ?

J'attends ta réponse ! A bientôt !

Mija

안녕 폴,

한동안 너에게 글을 쓰지 못했어. 이사 때문에 많이 바빴거든.

됐어, 난 이제 서울이야. 모든 것이 순조로워. 내 아파트는 너무 예쁘고, 주변도 조용하고, 이웃들도 좋아.

요리 학교는 다음 주에 시작해, 너무나 재미있을 것 같아.

너는? 낭뜨에서 잘 지내니? 바캉스 후에 일은 다시 시작했고?

너의 답변 기다릴게! 곧 보자!

미자

3 Parler des loisirs 여가 생활 말하기

Exercice 다음을 프랑스어로 써 보세요. 본문 124p

1 Je pars dans 2 semaines.

2 Elle voyage à Paris avec sa famille pendant 1 semaine.

Exercice 다음을 프랑스어로 써 보세요. 본문 127p

1 Je loue une voiture pour voyager.

2 Je prends un bain de soleil sur la plage.

기초문제

1. 여행
본문 128p

- 나는 일주일간 파리를 여행하려고 해.

- 센 강변에서 피크닉 하면 너무 좋을 거야.

- 너는 올 여름 뭐 하니?

- 난 에펠탑과 오르세 미술관 그리고 많은 건축물들을 방문할 거야.

Salut Luc,

Tu vas bien ?

Qu'est-ce que tu fais cet été ?

Je vais voyager à Paris pendant une semaine.

Est-ce que tu veux venir avec moi ?

Je vais visiter la tour Eiffel, le musée d'Orsay et plein d'autres monuments.

Ça va être très sympa de pique-niquer au bord de la Seine.

Merci pour ta réponse rapide.

Tom

2. 바캉스

- 너도 뉴욕에서 바캉스 잘 보내고 있길 바랄게.
- 날씨가 너무 좋고, 경치도 멋져.
- 나는 언니와 스페인에서 바캉스를 보내는 중이야.
- 즐거운 바캉스 되렴.
- 이번 주에 나는 마드리드에 있어.

Salut Emma,

Je suis en train de passer mes vacances en Espagne avec ma sœur. Cette semaine je suis à Madrid. Il fait très beau, et les paysages sont magnifiques.

Il y a beaucoup de parcs, musées et de palais, c'est vraiment super !

J'espère que tes vacances à New York se passent bien.

J'attends ta réponse.

Bonnes vacances !

Jena

모의문제

Exercice 당신은 산으로 겨울 여행을 갑니다. 당신의 프랑스인 친구에게 엽서를 씁니다. 당신이 하는 활동들, 어디에 있는지 그리고 누구와 함께 있는지 이야기해 보세요.

본문 131p

Coucou Marc,

J'espère que tu vas bien.

Je suis actuellement en voyage à Jeju-do. Je fais du camping au mont Halla avec mes amis. Il fait froid, mais il neige dehors, c'est vraiment magnifique. Ce soir on a allumé un feu de camp et on a partagé un plat bien chaud. Demain matin on partira tôt pour faire une randonnée. Ce sera chouette avec un beau paysage de neige. Je t'enverrai quelques photos après le retour.

A bientôt

Minsoo

안녕 마크,

너가 잘 지내고 있길 바라.

나는 지금 제주도에서 여행 중이야. 친구들과 함께 한라산에서 캠핑을 하고 있어. 날씨가 춥지만 밖에는 눈이 내리고 있어, 정말 멋져. 오늘 밤 캠프 파이어를 하고, 따뜻한 음식을 나눴지.

내일 아침 우리는 일찍 산행을 하러 떠나. 아름다운 눈 풍경과 함께 정말 멋질 거야. 돌아가서 너에게 사진 몇 장 보낼게.

곧 만나자.

민수

SECTION 4 구술 평가 Production orale

 **1-1** | **Entretien dirigé** 시험관 질문에 대답하기

Exercice 다음 원어민 음성을 듣고 대답해 보세요.   본문 139p

Q 당신의 이름은 무엇입니까?
0-02
Je m'appelle Mina Kim.

김미나입니다.

Exercice 다음 원어민 음성을 듣고 대답해 보세요.   본문 140p

Q 당신의 친구에 대해 말해 주세요.
0-03
Je vous présente mon amie Mina.

Elle est belle et gentille.

내 친구 미나를 소개합니다.

그녀는 예쁘고 친절합니다.

모의문제

Exercice 질문에 1~2분 동안 답해 보세요. 🎧 0-07   본문 144p

A: 시험관 B: 응시자

A: 당신은 왜 프랑스어를 배우십니까?
   그리고 나중에 무엇이 되고 싶으세요?

B: Parce que le français est une belle langue et j'aime la culture française. Aussi, j'aimerais travailler dans une entreprise française un jour.

왜냐하면 프랑스어는 아름다운 언어이고, 저는 프랑스 문화를 좋아합니다.
또한 언젠가 프랑스 기업에 들어가서 일하고 싶습니다.

1-2 Entretien dirigé 시험관 질문에 대답하기

Exercice 다음 원어민 음성을 듣고 대답해 보세요.   본문 146p

Q 저녁에 당신은 가족과 함께 무엇을 합니까?
0-08
Je dîne avec ma famille et nous regardons la télévision ensemble.
저는 가족과 함께 저녁을 먹고 TV를 함께 봅니다.

Exercice 다음 원어민 음성을 듣고 대답해 보세요.   본문 149p

Q 당신의 취미는 무엇입니까?
0-09
J'aime écouter de la musique.
저는 음악을 듣는 것을 좋아합니다.

모의문제

Exercice 질문에 1~2분 동안 답해 보세요. 🎧 0-15   본문 155p

A: 시험관 B: 응시자

A: 당신은 자유로운 저녁을 보내고 있습니다.
   당신은 무엇을 할 것입니까?

B: Cela dépend de mon humeur. Je peux regarder la télé le soir, seule ou en famille. Ou encore sortir avec des copains pour aller au cinéma. J'aime bien inviter des copains à la maison pour un barbecue ou pour une soirée ping-pong.

그것은 제 기분에 따라 달라요. 저녁에 혼자 또는 가족과 함께 TV를 볼 수도 있습니다. 또는 친구들과 함께 외출해서 영화관에 갈 수도 있습니다. 좋아하는 것은 친구들을 집에 초대해서 바비큐를 구워 먹거나 탁구를 치는 것입니다.

2 Échange d'informations 주어진 단어로 질문하기

Exercice 다음 6개의 단어와 관련된 질문을 각각 만들어 보세요. 🎧 0-16   본문 160p

1	2	3	4	5	6
Manger	Voyager	Train	Fête	Rendez-vous	Congé
먹다	여행하다	기차	축제	약속	휴가

1. Est-ce que vous pouvez manger de la viande ?
당신은 고기를 먹을 수 있습니까?

2. Voulez-vous voyager cet été ?
당신은 이번 여름에 여행을 원하세요?

3. Pourquoi devez-vous prendre le train ?
당신은 기차를 타야만 합니까?

4. Est-ce que vous pouvez venir à cette fête ?
당신은 이번 축제에 올 수 있습니까?

5. Avez-vous un rendez-vous avec mon ami ?
당신은 나의 친구와 약속이 있습니까?

6. Quand partez-vous en congé ?
당신은 언제 휴가를 떠납니까?

모의문제

Exercice 다음 카드를 보고 심사관에게 질문해 보세요.
(정보교환, 약 2분) 🎧 0-20

본문 164p

1	2	3	4	5	6
Lunettes	Classe	Université	Légume	Ordinateur	Bibliothèque
안경	교실	대학교	야채	컴퓨터	도서관

1 Portez-vous des lunettes ?
당신은 안경을 착용합니까?

2 Qu'est-ce qu'il y a dans votre classe ?
당신의 교실에는 무엇이 있습니까?

3 Prenez-vous le métro pour aller à l'université ?
당신은 대학교에 가기 위해 지하철을 탑니까?

4 Qu'est-ce que vous prenez comme légumes ?
당신은 어떤 채소를 먹습니까?

5 Avez-vous un ordinateur dans votre chambre ?
당신은 방에 컴퓨터를 가지고 있습니까?

6 Est-ce qu'il y a une bibliothèque près d'ici ?
이 근처에 도서관이 있습니까?

3 Dialogue simulé 시뮬레이션 대화

모의문제

Exercice 1 당신은 재래시장에서 채소와 과일을 사려 합니다.
대화를 만들어 보세요. (시뮬레이션 대화, 약 2분) 🎧 0-25   본문 172p

상인: 심사관 / 손님: 응시자

M: C'est à vous, madame !

C: Je voudrais un melon, s'il vous plaît.

M: Oui, madame. J'ai un beau melon ici. Regardez !

C: Est-ce qu'il est bien mûr ?

M: Bien sûr, tenez. Avec ceci ?

C: C'est combien, les tomates ?

M: 3 euros le kilo.

C: Alors, un kilo, s'il vous plaît.

M: C'est tout, madame ?

C: Oui, ce sera tout.

M: Alors, un melon, 4 euros, et un kilo de tomates, 3 euros. Ça fait 7 euros.

C: D'accord. Voilà 10 euros. Je n'ai pas de monnaie.

M: Pas de problème. Voilà votre monnaie ! Bonne journée !

C: Merci. Bonne journée à vous aussi !

M: 부인, 당신 차례입니다.

C: 멜론 하나 주세요.

M: 네 부인. 여기 좋은 멜론 있습니다. 보십시오.

C: 잘 익었나요?

M: 물론이죠, 여기 있습니다. 다른 것은요?

C: 토마토는 얼마입니까?

M: 1킬로에 3유로입니다.

C: 그러면 1킬로 주세요.

M: 그게 다입니까?

C: 네, 전부입니다.

M: 그러면 멜론 하나 4유로, 토마토 1킬로 3유로, 다해서 7유로입니다.

C: 알겠습니다. 여기 10유로 있습니다. 잔돈이 없네요.

M: 괜찮습니다. 여기 잔돈 받으세요. 좋은 하루 되세요!

C: 고맙습니다. 당신도 좋은 하루 되세요!

모의문제

Exercice 2 당신은 친구들과 함께 프랑스식 아침 식사를 준비하려고 합니다. 제과류를 사기 위해 빵집에 갑니다. 대화를 만들어 보세요.
(시뮬레이션 대화, 약 2분) 🎧 0-26

본문 173p

판매원: 시험관 / 고객: 지원자

V: Bonjour ! Je peux vous aider ?

C: Bonjour, je voudrais acheter des petits-déjeuners pour 10 personnes.

V: D'accord, je vous écoute.

C: D'abord, je voudrais connaître les prix.
Combien coûte un croissant ?

V: 1,50 euro.

C: Et cette brioche ?

V: 2 euros, madame.

C: Et la tarte à la framboise ?

V: 3 euros.

C: Bon, je voudrais 11 croissants, 6 brioches et 3 tartes à la framboise.
Ça fait combien en tout ?

V: Ça fait 37,5 euros.

C: D'accord. Vous pouvez les livrer chez moi ?

V: Bien sûr.

C: Merci beaucoup !

V: 안녕하세요! 도와드릴까요?

C: 안녕하세요, 열 사람의 아침식사를 구매하고 싶어요.

V: 알겠습니다, 말씀하세요.

C: 먼저 가격을 알고 싶어요.
　　크루아상 하나는 얼마인가요?

V: 1.50유로입니다.

C: 그럼, 이 브리오슈는요?

V: 2유로입니다, 부인.

C: 그리고 산딸기 파이는요?

V: 3유로입니다.

C: 좋아요. 크루아상 11개, 브리오슈 6개, 산딸기 파이 3개를 주세요.
　　총 얼마인가요?

V: 총 37.5유로입니다.

C: 알겠습니다. 배달해 주실 수 있나요?

V: 물론이죠.

C: 정말 감사합니다!

Exercice 당신은 여름방학 동안 친구와 함께 프랑스를 방문하려고 합니다. 비행기 표를 예약하려고 여행사에 들어갑니다. 대화를 만들어 보세요.

(시뮬레이션 대화, 약 2분) 0-30 본문179p

직원: 심사관 / 손님: 응시자

E: Bonjour monsieur, que désirez-vous ?

C: Je voudrais deux billets aller-retour Séoul-Paris.

E: Quand allez-vous partir ?

C: Je voudrais partir le 5 août et rentrer le 25 octobre.

E: D'accord. Vous aurez le vol Korean Air 901 à 19 h 30.

C: Combien ça coûte ?

E: Pour deux billets aller-retour, ça fera 2000 euros.

C: Il n'y a pas d'autres vols moins chers ?

E: Non. Pour cette date, nous n'avons que ce vol.

C: Bon, je le prends.

E: D'accord.

C: Est-ce qu'il m'est possible de changer la date de retour ?

E: Oui, vos billets sont valables pendant 1 an.

C: Très bien. Je peux payer par carte bleue ?

E: Bien sûr.

E: 안녕하세요. 무엇을 원하십니까?

C: 파리 서울 간 왕복 티켓 2장이 필요합니다.

E: 언제 떠나십니까?

C: 8월 5일에 출발해서 10월 25일에 돌아오려고 합니다.

E: 알겠습니다. 대한항공 901편 19시 30분 비행기가 있습니다.

C: 가격은 얼마죠?

E: 왕복 티켓 2장은 2000유로입니다.

C: 이것보다 좀 더 싼 비행편은 없습니까?

E: 없습니다. 이 날짜에는 이 비행편밖에 없습니다.

C: 할 수 없죠. 그것으로 하겠습니다.

E: 알겠습니다.

C: 그런데 입국 날짜를 변경할 수 있습니까?

E: 네, 손님의 티켓은 일 년간 유효합니다.

C: 잘됐군요. 카드로 지불해도 되겠습니까?

E: 물론입니다.

Exercice 당신은 세 사람 자리를 예약하기 위해 레스토랑에 전화를 합니다.
대화를 만들어 보세요. (시뮬레이션 대화, 약 2분) 🎧 0-34   본문185p

종업원: 심사관 / 손님: 응시자

S: Allô, c'est bien le restaurant Étoile ?

C: Oui, je vous écoute.

S: Je voudrais réserver une table pour trois personnes, pour mardi prochain. Est-ce que ce sera possible ?

C: Oui, bien sûr. Pour le déjeuner ou le dîner ?

S: Pour le dîner, s'il vous plaît.

C: À quelle heure ?

S: À 19 heures.

C: Aucun problème. C'est à quel nom ?

S: Au nom de Park.

C: Et quel est votre numéro de téléphone ?

S: C'est le 01 23 45 67 89.

C: Entendu. Une table pour trois, le mardi 10 mai, à 19 heures.

S: C'est cela. Au revoir.

S: 여보세요. 에뚜왈 레스토랑인가요?

C: 네, 말씀하세요.

S: 다음 주 화요일에 세 사람 자리를 예약하고 싶은데, 가능한가요?

C: 네 그럼요. 점심식사입니까 아니면 저녁식사입니까?

S: 저녁식사입니다.

C: 몇 시를 원하십니까?

S: 19시예요.

C: 문제없습니다. 어떤 성함으로 예약할까요?

S: 박으로 해 주세요.

C: 전화번호를 알려 주시겠습니까?

S: 01 23 45 67 89입니다.

C: 잘 알겠습니다. 5월 10일 화요일 19시로 세 사람 예약입니다.

S: 네 그렇습니다. 안녕히 계세요.

Exercice 당신은 프랑스에서 프랑스어를 배우기 위해 어학원에 등록하고자 합니다. 대화를 만들어 보세요. (가격, 요일 등) (시뮬레이션 대화, 약 2분) 🎧 0-38   본문 191p

직원: 심사관 / 당신: 응시자

V: Bonjour, je voudrais m'inscrire à un cours de français.

E: Bonjour, enchanté. Avez-vous déjà appris le français ?

V: Non, c'est la première fois.

E: Nous avons trois cours pour les débutants le mardi à 20 h, le jeudi à 19 h et le samedi à 13 h.

V: Je préfère le cours du mardi. Ça commence quand ?

E: À partir du mois prochain.

V: C'est combien par mois ?

E: 500 euros.

V: Est-ce qu'il y a une réduction pour les étudiants ?

E: Non.

V: Tant pis ! Et le manuel ?

E: Nous vous l'offrons gratuitement.

V: Merci beaucoup. Je peux payer par carte de crédit ?

E: Bien sûr.

V: 안녕하세요, 저는 프랑스어 수업에 등록하고 싶습니다.

E: 안녕하세요, 만나서 반가워요. 프랑스어를 배운 적이 있나요?

V: 아니요, 처음이에요.

E: 저희는 초보자를 위한 3개의 수업이 있고 화요일 20시, 목요일 19시 그리고 토요일 13시입니다.

V: 저는 화요일 수업이 좋습니다. 수업은 언제 시작하나요?

E: 다음 달부터요.

V: 한 달에 얼마예요?

E: 500유로입니다.

V: 학생 할인은 있나요?

E: 없어요.

V: 할 수 없죠! 교재는요?

E: 무료로 제공해 드립니다.

V: 정말 감사합니다. 카드로 결제할 수 있나요?

E: 물론이죠.

Exercice 당신은 파리를 관광하고 싶습니다. 당신은 관광 안내소에 들어갑니다.
대화를 만들어 보세요. (약 2분) 🎧 0-42

본문 197p

직원: 심사관 / 손님: 응시자

C: Bonjour ! Je peux vous aider ?

E: Bonjour ! Oui, je voudrais visiter Paris.

C: Très bien ! Quels endroits voulez-vous visiter ?

E: Je voudrais visiter le Louvre. Quels sont les horaires d'ouverture ?

C: Le Louvre est ouvert de 9 heures à 18 heures, sauf le mardi.

E: D'accord. Avez-vous un plan de la ville ?

C: Bien sûr ! En voici un.

E: Merci beaucoup ! Où est la station de métro la plus proche ?

C: Elle est juste là, à droite.

E: Parfait ! Merci et bonne journée !

C: Bonne journée et bon séjour à Paris !

C: 안녕하세요! 도와드릴까요?

E: 안녕하세요! 네, 저는 파리를 방문하고 싶어요.

C: 알겠습니다! 어떤 곳을 방문하고 싶으신가요?

E: 저는 루브르 박물관을 방문하고 싶어요. 운영 시간이 어떻게 되나요?

C: 화요일을 제외하고, 오전 9시부터 18시까지 운영해요.

E: 알겠습니다. 혹시 시내 지도가 있나요?

C: 물론입니다! 여기 있습니다.

E: 정말 감사합니다! 가장 가까운 지하철 역은 어디에 있나요?

C: 바로 저기, 오른쪽에 있습니다.

E: 완벽하네요! 감사합니다, 좋은 하루 보내세요!

C: 좋은 하루 되시고 파리에서 즐거운 시간 보내세요!

DELF A1 실전 TEST 1

 **파트 1** 청취 평가 25점 🎧 T-01   본문 202p

각 질문에 알맞은 정답에 X표를 하거나 질문에서 요구하는 답을 써 보세요.

Exercice 1   여러분은 자료를 2번 듣습니다. 중간에 30초 멈춘 후 다시 2번째 듣기를 실시하고 30초 동안 답을 확인할 수 있습니다. 우선 문제를 읽어 보세요.   6점

Allô ? C'est Marie.

Je t'appelle pour confirmer le rendez-vous dimanche chez Jean.

On se voit à midi.

Est-ce que tu peux apporter du vin ?

Je vais apporter une tarte aux fraises.

À dimanche !

여보세요? 나 마리야.

정의 집에서 일요일 약속(만남)을 확인하려고 전화했어.

12시에 보자.

너는 포도주를 가져올 수 있어?

나는 딸기파이를 가져갈게.

일요일에 보자!

1. 마리와 당신은 일요일에 … 갑니다.
   □ 레스토랑에
   ■ 정의 집에
   □ 영화관에

2. 몇 시에 만나는 약속입니까?
   □ 12시 20분
   ■ 12시
   □ 12시 30분

Exercice 2 여러분은 자동 응답기의 메시지를 2번 듣습니다. 중간에 30초 멈춘 후 다시 2번째 듣기를 실시하고 30초 동안 답을 확인할 수 있습니다. 우선 문제를 읽어 보세요.

7점 각 3.5점

Bonjour Madame Maurice !

Je suis Madame Michot de la Banque Internationale.

Vous pouvez venir chercher votre nouvelle carte de crédit.

La banque est ouverte de 10 h à 16 h du mardi au vendredi.

En cas de problème appelez-moi au 01 50 99 80 40.

안녕하세요 모리스 부인!

저는 국제은행의 미쇼입니다.

당신은 새 신용카드를 찾으러 오실 수 있습니다.

은행은 화요일부터 금요일까지, 10시부터 16시까지 문을 엽니다.

문제가 있으시면 저에게 01 50 99 80 40으로 전화 주세요.

1. 누가 전화를 했습니까?
   ■ 은행 직원
   □ 우체국장
   □ 친구

2. 어떤 요일에 문을 엽니까?
   □ 월요일에서 금요일
   □ 화요일에서 토요일
   ■ 화요일에서 금요일

Exercice 3 당신은 서로 다른 상황의 짧은 대화 5개를 들을 것입니다. 대화를 들은 후 15초간 멈춤이 있습니다. 그리고 다시 한 번 녹음을 들을 것입니다. 당신은 답변을 완성해 볼 수 있습니다. 각 상황과 그림을 연결해 보세요. 7.5점

주의하세요: 5개의 이미지가 있지만 대화문은 단 4개뿐입니다. 각 1.5점

Situation n°1

- Qu'est-ce que vous voulez boire ?
- Un café, s'il vous plaît.

Situation n°2

- Où allez-vous ?
- Au stade, s'il vous plaît.

Situation n°3

- Est-ce que tu aimes aller au cinéma ?
- Oui, j'adore les films.

Situation n°4

- Qu'est-ce que vous prendrez ?
- Je vais prendre un steak.

상황 n°1

– 무엇을 마시겠습니까?

– 커피 한 잔 주세요.

상황 n°2

– 어디 가세요?

– 경기장에 가 주세요.

상황 n°3

– 너는 영화관 가는 거 좋아하니?

– 응, 나는 영화를 아주 좋아해.

상황 n°4

– 무엇을 드시겠습니까?

– 저는 스테이크를 먹겠습니다.

1. Situation n° 3

2. Situation n° X

3. Situation n° 1

4. Situation n° 2

5. Situation n° 4

Exercice 4 당신은 다양한 상황에 해당하는 몇 가지 짧은 대화를 듣게 됩니다. 각 대화가 끝난 후 15초의 휴식 시간이 주어지며, 그 후 대화를 다시 듣고 답변을 완성하게 됩니다. 먼저 질문을 읽어 보세요.

4.5점

각 대화와 상황을 연결해 보세요. 각 상황마다 <어디입니까?> 또는 <무엇을 요구합니까?>에 맞는 곳에 x표를 해 보세요.

각 1.5점

Situation n°1

- Regardez cette robe !
- Elle est très jolie.

Situation n°2

- C'est à vous, madame !
- Je voudrais trois maquereaux, s'il vous plaît.

Situation n°3

- Bonjour, je voudrais trois croissants au beurre, s'il vous plaît.
- Voilà, et avec ceci?
- C'est tout, ça fait combien ?

상황 n°1

- 이 원피스 보세요!
- 너무 예쁘네요.

상황 n°2

- 당신 차례입니다. 부인!
- 고등어 3마리 주세요.

상황 n°3

- 안녕하세요, 버터 넣은 크루아상 3개 주세요.
- 여기 있습니다, 더 원하시는 것 있나요?
- 이게 다예요, 얼마인가요?

<u>상황 1</u>

어디입니까?	
거리에서	
가게에서	X
병원에서	
사무실에서	

<u>상황 2</u>

무엇을 요구합니까?	
입장표	
가격	
생선	X
계산서	

<u>상황 3</u>

어디입니까?	
공원에서	
가게에서	
병원에서	
빵집에서	X

파트2 | 독해 평가 25점

본문 205p

Exercice 1 당신은 수영장에 있습니다. 다음의 안내문을 봅니다. 6점

여름방학 동안 시간표 변경!

다음은 7월 1일부터 8월 31까지의 여름 시간표입니다:

여름방학

월요일	9시 – 12시 45분, 14시 30분 – 18시 30분
화요일	9시 – 12시 45분, 14시 30분 – 18시 30분
수요일	9시 – 12시 45분, 14시 30분 – 18시 30분
목요일	9시 – 12시 45분, 14시 30분 – 18시 30분
금요일	12시 – 20시 30분
토요일	9시 – 12시 30분, 14시 30분 – 18시 30분
일요일	9시 – 12시 30분, 14시 30분 – 18시 30분

바캉스 동안, 유의하세요!

작은 수영풀은 매주 수, 목 아침에 이용할 수 없습니다.

다음의 질문에 답해 보세요.

1. 안내문은 무엇을 공지합니까?
    - ■ 이용 시간 변경
    - ☐ 수영장 폐쇄
    - ☐ 위치 변경

2. 여름에는 금요일에 수영장이 몇 시에 개장하나요?
    - ■ 12시에
    - ☐ 12시 30분에
    - ☐ 12시 45분에

Exercice 2 당신은 당신의 편지함에서 이 메시지를 발견합니다. 6점

친애하는 이웃 여러분,

이웃의 날 파티를 데 부아쟝 거리 13번지에서 6월 15일 금요일에 열 것을 제안합니다. 망설이지 말고 19시부터 오셔서 한잔하세요. 당신을 볼 수 있기를 기대합니다!

비가 올 경우 취소됩니다.

다음의 질문에 답해 보세요.

1. 이 메시지는 무엇을 공지합니까?
   - ■ 이웃의 날
   - ☐ 친구의 날
   - ☐ 어머니의 날

2. 어떤 상황에서 파티가 취소될 수 있나요?
   - ■ 비가 올 때
   - ☐ 더울 때
   - ☐ 추울 때

Exercice 3 당신은 서비스를 요청하기 위해 역 안내소로 갑니다. 그리고 다음 안내문을 발견합니다.

6점

> 주의!
> 공사를 위한 폐쇄!
>
> 생 트로페 역 안내소가 공사로 인해 7월 1일부터 8월 31일까지 폐쇄됨을 알려드립니다. 이 기간 동안에는 르나르 거리 5번지에 있는 임시 안내소로 가시길 요청드립니다. (도보 3분) 운영 시간은 다음과 같습니다:
> 월요일부터 금요일까지 8시 30분~19시 30분, 토요일에는 9시~12시. 역 출구에서부터 멕시코 거리로 가세요. 첫 번째 거리에서 좌회전한 후 2번째 거리에서 우회전하세요.

다음의 질문에 답해 보세요.

1. **공사는 언제 끝납니까?**
   ☐ 7월 1일
   ☐ 8월 15일
   ■ 8월 31일

2. **임시 사무실은 토요일 몇 시에 문을 닫습니까?**
   ☐ 오전 9시
   ■ 12시
   ☐ 19시 30분

3. **임시 사무실은 어디에 있습니까?**
   ■ Ⓐ
   ☐ Ⓑ
   ☐ Ⓒ
   ☐ Ⓓ

 당신은 대학생입니다. 당신은 학생 아르바이트를 찾고 있습니다.
당신은 이 광고를 발견합니다.

7점

> 긴급!
>
> 안녕하세요.
>
> 저는 방과 후 아이 셋을 픽업해 줄 성실한 사람을 찾습니다. 그리고 아이들을 집으로 데려와 주셔야 합니다. 아이들은 시내에 위치한 <나의 보석> 학교에 있습니다. 수요일을 제외하고 월요일부터 금요일까지 16시 30분부터 시간이 가능해야 합니다. 학교와 집 사이는 버스로 20분이 걸립니다. 차가 있다면 더욱 좋겠습니다. (차로는 10분)
>
> 보수: 하루 10유로
>
> 전화번호: 06 90 09 90 09
>
> 샤리프 부인

다음의 질문에 답해 보세요.

1. 샤리프 부인은 어떤 도움을 요청하고 있습니까?
   - ☐ 아침에 아이들을 학교에 데려다 주기
   - ■ 방과 후 아이들과 동행하기
   - ☐ 수요일 아이들 돌보기

2. 몇 시에 아이들을 데리러 가야 합니까?
   - ☐ 20시
   - ■ 16시 30분
   - ☐ 10시

파트3 작문 평가 25점   본문 210p

Exercice 1   당신은 프랑스를 여행하고 있습니다. 호텔에서 이 양식을 작성해 보세요.   10점

예약 양식

여행자들의 파라다이스 호텔

Civilité 호칭: ■ Madame 여성   ☐ Monsieur 남성

Prénom, Nom 이름, 성: Jélie, Travelle

Date de naissance 생년월일: Le 10 septembre 2000

Adresse 주소: 2 rue de Paris

Code postal 우편번호: 75008   Ville 도시: Paris   Pays 나라: France

Téléphone 전화번호: 06 00 01 02 03

E-mail 이메일: jélietravelle@gmail.fr

Type de chambre 방 타입:

   ■ Chambre simple 싱글룸

   ☐ Chambre double 더블룸

   ☐ Chambre Famille 패밀리룸

Nb d'adultes 성인 수: 1   Nb d'enfants 아이 수: 0

Date d'arrivée 도착 날짜: 01/09/23   Date de départ 출발 날짜: 03/09/23

Exercice 2 당신은 한국에 살고 있습니다. 당신은 펜팔 친구에게 당신의 나라로 그(그녀)를 초대하기 위한 편지를 씁니다. 그(그녀)에게 당신의 나라를 소개하고 함께 할 수 있는 활동들을 제안해 보세요. [40~50단어]

15점

Salut Timothée,

Tu vas bien ?

Qu'est-ce que tu vas faire pendant les prochaines vacances ? Peux-tu venir visiter la Corée ? En Corée, les gens sont gentils et on mange vraiment bien. Séoul est une ville très grande et moderne, mais tu trouveras aussi des beaux palais et des monuments magnifiques. On pourra visiter ensemble Insa-dong pour trouver de jolis objets traditionnels. On visitera aussi le palais Gyeongbok et le musée national de Corée. Je te présenterai bien sûr de bons restaurants.

J'attends ta réponse.

Bonne journée.

Séan

안녕 티모떼,

잘 지내니?

다음 방학 동안에 너는 무엇을 할 거니? 한국을 방문하러 올래?

한국은, 사람들이 친절하고 음식도 정말 맛있어. 서울은 매우 크고 현대적인 도시이지만, 또한 아름다운 궁전과 웅장한 기념물도 볼 수 있어. 우리는 인사동을 방문하여 아름다운 전통 물건을 함께 찾을 수 있을 거야. 경복궁과 국립중앙박물관도 방문할 거야. 물론 좋은 레스토랑도 너에게 소개할게.

너의 답장 기다릴게.

좋은 하루 보내.

세안

파트4　구술 평가 25점　T-02　본문 212p

평가는 세 파트로 진행됩니다: 인터뷰, 정보 교환, 시뮬레이션 대화 (또는 역할극). 평가는 5~7분간 진행됩니다. 파트 2와 3(정보 교환과 시뮬레이션 대화)을 준비하는 데 10분의 시간이 주어집니다.

시험관 질문에 답하기　당신의 취향이나 활동에 관한 시험관의 질문에 답해 보세요. (약 1분)

Q: Décrivez votre famille. 당신의 가족을 설명해 보세요.

A: J'ai un père, une mère et deux sœurs dans ma famille.

D'abord, mon père s'appelle Manho.

Il a 55 ans et il est fonctionnaire.

Mon père est un peu timide et silencieux.

Et le nom de ma mère est Somin.

Elle est dentiste. Elle est gentille et très ouverte.

L'une de mes sœurs a 14 ans et elle est collégienne.

Et l'autre a 17 ans et elle est lycéenne.

Elles aiment toutes les deux la cuisine et la musique.

Elles sont toujours actives et aimables.

제 가족은 아버지, 어머니, 그리고 2명의 여자 자매가 있습니다.

우선 아버지 이름은 만호입니다.

나이는 55세이고 공무원입니다.

아버지는 약간 내성적이시고 조용한 분이십니다.

그리고 어머니 이름은 소민입니다.

어머니는 치과 의사이시고 친절하시며 매우 개방적입니다.

두 자매 중 한 명은 14살이고 중학생입니다.

그리고 다른 여동생은 17살이고 고등학생입니다.

그녀들은 둘 다 요리와 음악을 좋아합니다.

그녀들은 항상 활동적이고 다정합니다.

정보 교환하기 다음 제시된 단어를 보고 시험관에게 질문을 해 보세요. (약 2분)

겨울방학?	스포츠?	영화?
초대하다?	외출하다?	일어나다?

- Qu'est-ce que vous faites pendant les vacances d'hiver ?

- Quel sport pratiquez-vous habituellement ?

- Est-ce que vous sortez souvent avec vos amis pour voir un film ?

- Voulez-vous inviter vos amis pour fêter votre anniversaire ?

- Est-ce que vous aimez sortir avec vos amis ?

- À quelle heure vous levez-vous le week-end ?

― 겨울방학 동안에는 무엇을 하세요?

― 매일 어떤 운동을 하세요?

― 친구들과 영화를 보러 자주 나가세요?

― 당신의 생일을 축하하기 위해 친구들을 초대하고 싶은가요?

― 당신은 친구들과 외출하는 것을 좋아하세요?

― 주말에는 몇 시에 일어나세요?

시뮬레이션 대화 다음 상황을 시뮬레이션할 것입니다. 당신은 고객이고 시험관은 접수원입니다. (약 2분)

당신은 호텔에서 객실 2개를 예약하기 원합니다. 당신은 자세한 내용을 물어 봅니다.

A: Bonjour.
B: Bonjour madame, que désirez-vous ?

A: J'aimerais réserver deux chambres avec deux lits.
B: Vous êtes combien ?

A: Nous sommes une famille de quatre.
B: Pour combien de nuits, madame ?

A: Deux nuits.
B: Pourriez-vous me donner la date d'arrivée ?

A: Le 8 mai.
B: Désolé, madame. À cette date-là, nous sommes presque complets. Nous avons seulement une grande chambre familiale.

A: Ça coûte combien ?   B: 130 euros la nuit.
A: D'accord. Je voudrais la réserver.   B: C'est à quel nom ?
A: C'est Madame Ahn.   B: Très bien, Madame Ahn.

A: 안녕하세요.   B: 안녕하세요 부인, 무엇을 원하시나요?

A: 침대 2개가 있는 방 2개를 예약하고 싶습니다.   B: 몇 명이에요?

A: 4인 가족입니다.   B: 며칠 밤 묵으실 건가요, 부인?

A: 이틀 밤입니다.   B: 도착 날짜를 알려주시겠어요?

A: 5월 8일입니다.

B: 죄송합니다, 부인. 이 날짜에는 거의 만원입니다. 큰 가족룸 하나만 있습니다.

A: 얼마예요?   B: 1박에 130유로입니다.

A: 알겠습니다. 예약하고 싶습니다.   B: 성함이 뭐죠?

A: 안이에요.   B: 알겠습니다, 안 부인.

DELF A1 실전 TEST 2

 **파트1** 청취 평가 25점 🎧 T-03 본문 214p

각 질문에 알맞은 정답에 X표를 하거나 질문에서 요구하는 답을 써 보세요.

Exercice 1 여러분은 자료를 2번 듣습니다. 중간에 30초 멈춘 후 다시 2번째 듣기를 실시하고 30초 동안 답을 확인할 수 있습니다. 우선 문제를 읽어 보세요. 6점

Allô, c'est Jean.

Ce jeudi, on va au musée du Louvre avec Léa.

Tu veux venir avec nous ?

On a rendez-vous à 11 heures devant les guichets.

N'oublie pas d'apporter un appareil photo.

Au revoir !

여보세요, 나 정이야.

이번 주 목요일에, 레아와 함께 루브르 박물관에 갈 거야.

너도 우리와 함께 갈래?

우리는 11시에 매표소 앞에서 만나기로 했어.

카메라 가져오는 것 잊지 마.

안녕!

1. 정은 당신에게 ⋯ 가는 것을 제안합니다.
   ☐ 레스토랑에
   ■ 박물관에
   ☐ 극장에

2. 당신은 무엇을 가져가야만 합니까?

   ☐ a   ☐ b   ■ c

3. 약속은 몇 시에 있습니까?
   ☐ 11시 30분에
   ■ 11시에
   ☐ 10시에

Exercice 2 여러분은 자료를 2번 듣습니다. 중간에 30초 멈춘 후 다시 2번째 듣기를 실시하고 30초 동안 답을 확인할 수 있습니다. 우선 문제를 읽어 보세요.

7점

> Chers clients, le magasin Carrefour ferme dans 15 minutes.
> Veuillez vous présenter à la caisse pour payer vos achats.
> Le dimanche, le magasin ouvre de 10 h à 14 h 15.
> Le magasin proposera des promotions toute la journée ce dimanche.
> Merci.

> 친애하는 고객 여러분, 까르푸 매장이 15분 후에 문을 닫습니다.
> 구매한 상품을 계산하기 위해 계산대로 와 주시기 바랍니다.
> 매주 일요일에는, 10시부터 14시 15분까지 매장을 엽니다.
> 매장은 이번 주 일요일에 하루 종일 할인을 제공할 것입니다.
> 감사합니다.

1. 어떤 장소가 문을 닫을 것입니까?

☐ a ■ b ☐ c

2. 일요일 영업 시간은 …입니다.
   ☐ 10시부터 14시 30분
   ■ 10시부터 14시 15분
   ☐ 10시부터 14시

Exercice 3 당신은 서로 다른 상황의 짧은 대화 5개를 들을 것입니다. 대화를 들은 후 15초간 멈춤이 있습니다. 그리고 다시 한 번 녹음을 들을 것입니다. 당신은 답변을 완성해 볼 수 있습니다. 각 상황과 그림을 연결해 보세요. 7.5점

주의하세요: 5개의 이미지가 있지만 대화문은 단 4개뿐입니다. 각 1.5점

Situation n°1

- Il fait beau.
- C'est vrai. Il y a du soleil et le ciel est bleu.

Situation n°2

- Regarde cette photo de mes vacances.
- Elle est jolie. Où es-tu allée ?
- Je suis allée à Strasbourg pour Noël.

Situation n°3

- Quel mauvais temps !
- Oui, il pleut beaucoup.

Situation n°4

- Qu'est-ce que tu vas faire pendant les vacances ?
- Moi, je vais aller à la mer pour me baigner.
- Super !

상황 n°1

- 날씨가 좋아요.
- 맞아요. 햇볕이 있고 하늘이 파래요.

상황 n°2

- 휴가 때 찍은 내 사진을 봐.
- 예쁘다. 어디로 갔었어?
- 크리스마스를 보내기 위해 스트라스부르에 갔었어.

상황 n°3

- 날씨가 정말 나쁘네요!
- 네, 비도 많이 오네요.

상황 n°4

- 방학 동안 너는 무엇을 할 거니?
- 나, 나는 해수욕하러 바다에 갈 거야.
- 멋지다!

Situation n° 4

Situation n° X

Situation n° 1

Situation n° 2

Situation n° 3

Exercice 4 당신은 다양한 상황에 해당하는 몇 가지 짧은 대화를 듣게 됩니다. 각 대화가 끝난 후 15초의 휴식 시간이 주어지며, 그 후 대화를 다시 듣고 답변을 완성하게 됩니다. 먼저 질문을 읽어 보세요. 4.5점

각 대화와 상황을 연결해 보세요. 각 상황마다 <어디입니까?> 또는 <무엇을 요구합니까?> 혹은 <누가 말합니까?>에 맞는 곳에 x표를 해 보세요. 각 1.5점

Situation n°1

- Bonjour !

- Bonjour, madame !

- Avez-vous une chambre libre aujourd'hui ?

- Bien sûr, une chambre coûte 100 euros la nuit.

Situation n°2

- S'il vous plaît !

- Oui, madame.

- Où sont les toilettes ?

- Ah, tournez à gauche.

Situation n°3

- Qu'est-ce qui vous arrive ?

- J'ai mal à la tête.

- Prenez ce médicament deux fois par semaine.

상황 n°1

– 안녕하세요!

– 안녕하세요, 부인!

– 오늘 빈 방이 있나요?

– 물론이죠, 숙박료는 하루에 100유로입니다.

상황 n°2

- 저기요!
- 네, 부인.
- 화장실은 어디에 있나요?
- 아, 좌회전하세요.

상황 n°3

- 어디가 아프세요?
- 머리가 아파요.
- 일주일에 2번 이 약을 복용하세요.

상황 1	어디입니까?	
	은행에서	
	우체국에서	
	학교에서	
	호텔에서	X

상황 2	무엇을 요구합니까?	
	화장실	X
	가격	
	전화번호	
	계산서	

상황 3	누가 말합니까?	
	기자	
	교수	
	의사	X
	대학생	

파트2 | 독해 평가 25점

본문 218p

Exercice 1 당신은 친구들과 아래 메시지(즉시 전송되는 메시지)들을 나눕니다. 5점

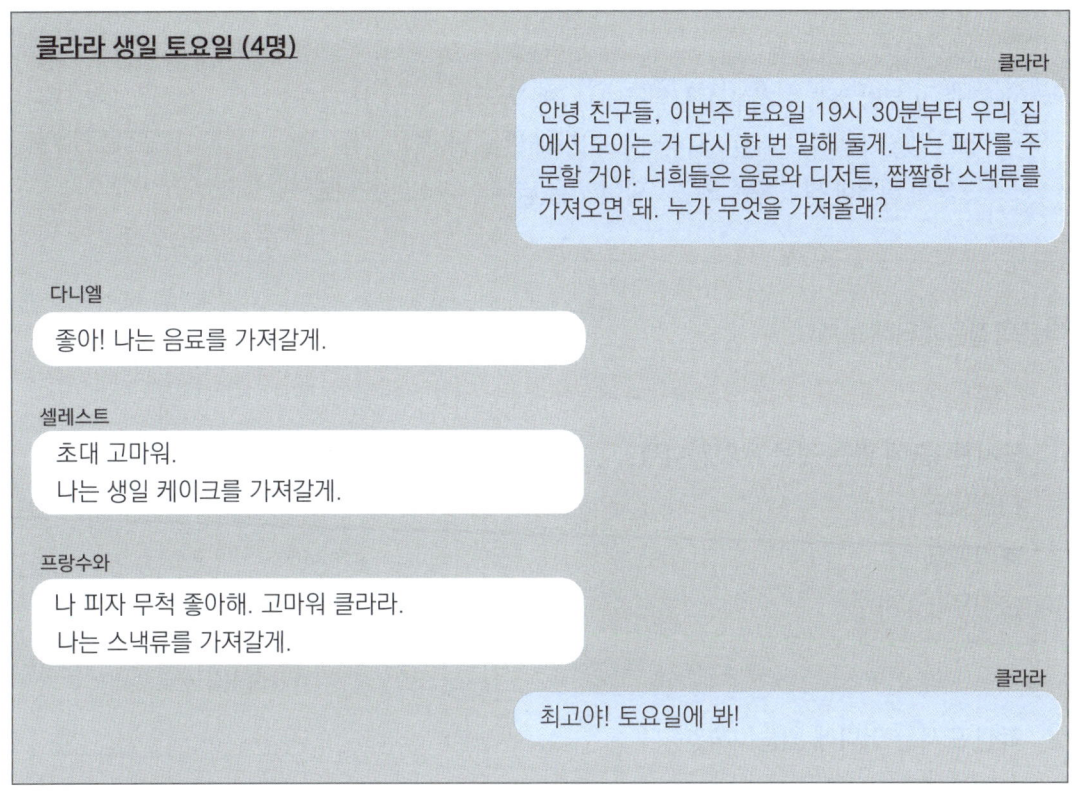

다음의 질문에 답해 보세요.

1. 이 메시지들의 목적은 무엇입니까?
   ■ 파티 계획
   □ 결혼 초대
   □ 피자집에서의 만남

2. 누가 짭짤한 스낵류를 가져옵니까?
   □ 클라라   □ 다니엘   ■ 프랑수와

Exercice 2 당신은 도서관에 있습니다. 다음 메시지를 읽습니다. 6점

> 부껭빌 도서관에 오신 것을 환영합니다.
> 다음은 도서관 구조도입니다.
> 지상 1층: 안내소, 어린이용 도서, 신문과 잡지
> 2층: 학생/성인 도서
> 3층: 공부방 2개, 회의실 4개, 인터넷실 1개, 커피숍
> 월요일을 제외하고 매일 8시부터 23시까지 문을 엽니다.
> 도움이 필요하거나 혹은 요구 사항이 있을 경우 안내소로 오세요.

다음의 질문에 답해 보세요.

1. 도서관 1층에 없는 것은 무엇입니까?
   ☐ 안내소
   ■ 커피숍
   ☐ 신문과 잡지

2. 학생 도서는 어디에 있습니까?
   ☐ 지상 1층
   ■ 2층
   ☐ 3층

3. 당신은 당신의 친구들과 회의실에서 약속이 있습니다. 회의실은 화장실과 커피숍 사이에 있습니다. 다음 지도의 4개의 회의실(A, B, C, D) 가운데 어디일까요?

   ☐ Ⓐ   ■ Ⓑ   ☐ Ⓒ   ☐ Ⓓ

Exercice 3 당신은 대학교에서 이 광고문들을 봅니다. 8점

A
가구가 갖춰진 18m² 스튜디오 임대,
캠퍼스에서 걸어서 5분
아루에 부인
08 11 22 33 44

B
금요일 밤마다
두 아이를 돌봐 줄
베이비시터 찾음
오뀨뻬 씨
08 78 87 78 87

C
시내용 자전거 판매,
좋은 상태
색깔: 흰색
가격: 50유로
kilian@mail.fr

D
1인용 침대 판매,
매우 좋은 상태
좋은 퀄리티
가격: 70유로
kevin@mail.fr

다음의 질문에 답해 보세요.

1. 당신은 시내용 자전거를 찾습니다. 누구에게 연락해야 합니까?
   ☐ 아루에 부인   ☐ 오뀨뻬 씨   ■ 킬리안

2. 중고 침대는 얼마입니까?
   ☐ 50유로   ■ 70유로   ☐ 모른다.

3. 당신은 저녁에 할 수 있는 일을 찾습니다. 당신은 **금요일**에 시간이 가능합니다. 당신은 어떤 광고에 관심이 있습니까?
   ☐ Ⓐ   ■ Ⓑ   ☐ Ⓒ   ☐ Ⓓ

4. 여기서 찾아볼 수 없는 광고는 무엇입니까?
   ☐ 부동산 임대   ☐ 구인 광고   ■ 구직 광고

Exercice 4 당신은 캠퍼스 안을 걷습니다. 다음과 같은 종이를 건네받습니다.   6점

여름 스포츠 연수

축구, 배드민턴, 럭비와 같은 다양한 스포츠 활동을 해보고 싶나요?
대학교가 올 여름 7월 9일부터 13일까지 9시부터 12시, 14시부터 17시까지 스포츠 연수를 제안합니다.
연수 장소: A 건물 정면의 운동장
참가비: 80유로
6월 16일 전까지 B 건물 사무실에서 등록 신청하세요.
더 많은 정보가 필요하시면 info@universite.fr으로 메일 주세요.

다음의 질문에 답해 보세요.

1. 이 알림은 … 의해 쓰여졌습니다.
   ☐ 축구 클럽에   ☐ 야외 활동 센터에   ■ 대학교에   ☐ 여행사에

2. 이 안내문은 무엇을 제안합니까?
   ☐ 수업   ■ 연수   ☐ 컨퍼런스   ☐ 아틀리에

3. 안내문과 다른 문장을 찾으세요.
   ☐ 연수는 5일간 진행된다.
   ☐ 연수는 매일 9시에 시작된다.
   ☐ 참가비는 80유로이다.
   ■ 이메일로 등록해야 한다.

파트3 작문 평가 25점

본문 224p

Exercice 1 당신은 수업에 가입하기 위해 스포츠 센터 안에 있습니다. 다음의 시간표를 참조하여, 당신이 원하는 수업을 골라 보세요. 그리고 가입서를 작성해 보세요. 10점, 각 1점

스포츠 센터 <건강한 몸>

	레벨	요일	시간
필라테스	초급	금요일	18시 – 19시
필라테스	중급	토요일	10시 – 11시
필라테스	고급	일요일	17시 – 18시
요가		수요일	18시 – 19시
헬스	초급	월요일	18시 – 19시
헬스	중급	월요일	19시 – 20시
헬스	고급	월요일	20시 – 21시

가입 서식서

Civilité 호칭:	☐ M. ■ Mme.
Nom 성:	Zene
Prénom 이름:	Hélène
Date de naissance 생년월일:	01/01/1995
Adresse 주소:	50 rue Tolbiac
Code Postal 우편번호:	75000
Ville 도시:	Paris
Numéro de téléphone 전화번호:	07 00 21 31 41
Choix de sport 스포츠 선택:	Yoga
Niveau 레벨:	
Jour et horaire 요일 및 시간:	Mercredi 18 h - 19 h

Exercice 2 당신은 바다에서 바캉스를 보내고 있는 중입니다. 당신의 바캉스에 대해서 당신의 프랑스 친구에게 이메일을 써 보세요. [40~50단어]

15점

Salut Lise,

Tu vas bien ?

Je passe mes vacances à la mer avec mes amis. On va y rester pendant une semaine. Le matin on se promène à la plage. L'après-midi on nage et on joue dans la mer. Aujourd'hui je vais faire un stage de plongée, ça va être vraiment génial.

J'espère que tu passes de bonnes vacances toi aussi.

A bientôt.

Jisoo

안녕 리즈,

잘 지내니?

나는 내 친구들과 바다에서 바캉스를 보내고 있어. 우리는 일주일 동안 이곳에서 머무를 거야. 아침에 우리는 해변가를 산책하지. 오후에는 수영하거나 바다에서 놀아. 오늘은 잠수하는 연수를 받을 거야, 정말 신날 거야.

너 역시 바캉스를 잘 보내길 바랄게.

곧 보자.

지수

파트 4 구술 평가 25점 T-04   본문 226p

평가는 세 파트로 진행됩니다: 인터뷰, 정보 교환, 시뮬레이션 대화 (또는 역할극). 평가는 5~7분간 진행됩니다. 파트 2와 3(정보 교환과 시뮬레이션 대화)을 준비하는 데 10분의 시간이 주어집니다.

시험관 질문에 답하기 시험관의 질문에 답해 보세요. (약 1분)

Q: Pouvez-vous vous présenter ? 당신을 소개해 줄 수 있습니까?

A: Examinateur(trice) B: Candidat(e)

A: Bonjour.

B: Bonjour.

A: Asseyez-vous.

B: Merci.

A: Quel est votre nom ?

B: Je suis Somin-Ahn.

A: Vous parlez bien français.

B: Merci, ça fait 2 ans que j'apprends le français à l'université.

A: Où habitez-vous ?

B: J'habite avec ma famille à Osan.

A: Parlez-moi un peu de vous.

B: Je suis née le 8 juin 2001 en Corée. Je suis étudiante à l'université K, et mes spécialités sont le français et le japonais. Je suis sociable et active, j'ai beaucoup d'amis. Et j'aime bien faire la cuisine.

A: 심사관, B: 응시자

A: 안녕하세요.

B: 안녕하세요.

A: 앉으세요.

B: 감사합니다.

A: 이름이 뭐예요?

B: 저는 안소민입니다.

A: 프랑스어를 잘하시네요.

B: 고맙습니다. 저는 대학에서 2년 동안 프랑스어를 배웠습니다.

A: 어디 사세요?

B: 저는 오산에서 가족과 함께 살고 있습니다.

A: 자기 소개를 좀 해주세요.

B: 저는 2001년 6월 8일 한국에서 태어났습니다. K대학교 학생이고 전공은 프랑스어와 일본어입니다. 저는 사교적이고 활동적이며 친구가 많습니다. 또한 저는 요리하는 것을 좋아합니다.

정보 교환하기 다음 제시된 단어를 보고 시험관에게 질문을 해 보세요. (약 2분)

| 악기? | 떠나다? | 일요일? |
| 레스토랑? | 동네? | 아파트? |

- Quel instrument savez-vous jouer ?

- Quand est-ce que vous partez en voyage ?

- Qu'est-ce que vous faites le dimanche ?

- Quels plats aimez-vous prendre au restaurant ?

- Est-ce qu'il y a un grand magasin dans votre quartier ?

- Combien de chambres y a-t-il dans votre appartement ?

―

― 어떤 악기를 연주할 수 있으세요?

― 당신은 언제 여행을 떠나세요?

― 일요일에는 보통 무엇을 하세요?

― 레스토랑에서 어떤 음식을 먹는 것을 좋아하세요?

― 동네에 백화점이 있나요?

― 당신 아파트에는 방이 몇 개 있어요?

시뮬레이션 대화 다음 상황을 시뮬레이션합니다. 당신은 고객이고 시험관은 종업원입니다.
(약 2분)

당신은 레스토랑에 있습니다.
종업원에게 전채요리, 본 음식, 음료수 그리고 디저트를 주문해 보세요.

A: Examinateur(trice), B: Candidat(e)

A: Bonjour. Avez-vous une réservation ?

B: Oui, j'ai réservé il y a 4 jours.

A: Votre nom, s'il vous plaît.

B: C'est Monsieur Park.

A: D'accord, par ici, s'il vous plaît.

B: Merci.

(Plus tard)

A: Qu'est-ce que je vous sers ?

B: Je voudrais prendre un steak, s'il vous plaît.

A: Oui, quelle cuisson ?

B: À point, s'il vous plaît.

A: Voulez-vous une entrée ? Salade grecque ou melon ?

B: Donnez-moi du melon, s'il vous plaît.

A: Et comme boisson ?

B: Donnez-moi une demi-bouteille de vin et de l'eau.

A: Très bien. Prendrez-vous du fromage ?

B: Non, merci.

A: Et comme dessert ?

B: Une tarte aux fraises, s'il vous plaît.

A: Je vous sers tout de suite.

B: Merci.

A: 심사위원, B: 응시자

A: 안녕하세요. 예약하셨나요?

B: 네, 4일 전에 예약했어요.

A: 당신의 이름을 알려주세요.

B: 박이에요.

A: 알겠습니다, 이쪽으로 오세요.

B: 감사합니다.

(잠시 후에)

A: 무엇을 드릴까요?

B: 스테이크로 주세요.

A: 네, 어떻게 익혀 드릴까요?

B: 적당히 익혀 주세요.

A: 전채요리를 원하시나요? 그리스 샐러드 아니면 멜론요?

B: 멜론 주세요.

A: 그리고 음료로는요?

B: 와인 반 병과 물을 주세요.

A: 알겠습니다. 치즈를 드십니까?

B: 아니요, 괜찮아요.

A: 디저트로는요?

B: 딸기파이를 주세요.

A: 바로 제공해 드리겠습니다.

B: 감사합니다.

DELF A1 실전 TEST 3

파트1 | 청취 평가 25점 T-05
본문 228p

각 질문에 알맞은 정답에 X표를 하거나 질문에서 요구하는 답을 써 보세요.

Exercice 1 여러분은 자료를 2번 듣습니다. 중간에 30초 멈춘 후 다시 2번째 듣기를 실시하고 30초 동안 답을 확인할 수 있습니다. 우선 문제를 읽어 보세요.

6점

À la suite de chutes de neige, le train n°232 est supprimé.
Prochain train pour Nice à 10 h 30, départ voie B.

폭설로 인하여, 기차 232편이 취소되었습니다.
다음 번 니스행 기차는 10시 30분이며, 출발은 선로 B번입니다.

---

1. 기차가 ⋯ 알립니다.
   - ■ 취소됨을
   - ☐ 늦음을
   - ☐ 정시 출발임을

2. 문제가 무엇입니까?
   - ■ 폭설 때문에 기차가 취소되었다.
   - ☐ 폭설 때문에 기차가 고장났다.
   - ☐ 폭설 때문에 기차가 늦었다.

Exercice 2 여러분은 자료를 2번 듣습니다. 중간에 30초 멈춘 후 다시 2번째 듣기를 실시하고 30초 동안 답을 확인할 수 있습니다. 우선 문제를 읽어 보세요. 7점, 각 3.5점

Allô ! C'est Julie.

Tu as pensé au cadeau de Mina pour son anniversaire ?

Je pense lui offrir une robe.

Choisissons ensemble les cadeaux.

Si tu veux, on se retrouve ce midi.

Envoie-moi un texto dès que tu peux.

여보세요! 나 쥴리야.

너는 미나의 생일 선물 생각했니?

나는 그녀에게 원피스를 선물하려고 생각해.

선물을 같이 고르자.

만약 네가 원한다면, 오늘 정오에 만나자.

네가 시간 날 때 문자 줘.

---

1. 쥴리는 무엇을 사기 원합니까?

■ a   □ b   □ c

2. 당신은 몇 시에 쥴리를 만날 수 있습니까?

■ 낮 12시에   □ 낮 12시 전에   □ 낮 12시 후에

Exercice 3 당신은 서로 다른 상황의 짧은 대화 5개를 들을 것입니다. 대화를 들은 후 15초간 멈춤이 있습니다. 그리고 다시 한 번 녹음을 들을 것입니다. 당신은 답변을 완성해 볼 수 있습니다. 각 상황과 그림을 연결해 보세요. 7.5점

주의하세요: 5개의 이미지가 있지만 대화문은 단 4개뿐입니다. 각 1.5점

Situation n°1

- S'il vous plaît, madame ! Je cherche Notre-Dame de Paris.
- Ah, ce n'est pas loin. Allez tout droit et tournez à droite au carrefour.
- Merci beaucoup.
- Je vous en prie.

Situation n°2

- Bonjour, madame. Vous désirez ?
- Quel est le plat du jour ?
- C'est un plat de poisson au saumon.
- Bon, alors le plat du jour s'il vous plaît.

Situation n°3

- Je voudrais un guide du musée du Louvre, s'il vous plaît, madame.
- En quelle langue ?
- En français, s'il vous plaît.

Situation n°4

- Bonsoir, j'ai réservé une chambre pour deux nuits au nom de M. Diaz.
- Bonsoir. Voilà votre clé, chambre 125, au 3e étage.

상황 n°1

- 실례합니다, 부인! 노트르담 대성당을 찾고 있는데요.
- 아, 멀지 않아요. 똑바로 가다가 사거리에서 오른쪽으로 도세요.
- 감사합니다.
- 천만에요.

상황 n°2

– 안녕하세요, 부인. 무엇을 원하세요?

– 오늘의 요리가 무엇인가요?

– 연어를 곁들인 생선요리입니다.

– 좋아요, 그럼 오늘의 요리로 주세요.

상황 n°3

– 루브르 박물관 안내서를 부탁드립니다, 부인.

– 어떤 언어로 원하세요?

– 프랑스어로 부탁드립니다.

상황 n°4

– 안녕하세요, 디아즈라는 이름으로 이틀 밤 묵을 방 하나를 예약했습니다.

– 안녕하세요. 여기 열쇠가 있습니다, 4층 125호실입니다.

Situation n° 2

Situation n° 4

Situation n° 3

Situation n° 1

Situation n° X

Exercice 4 당신은 다양한 상황에 해당하는 몇 가지 짧은 대화를 듣게 됩니다. 각 대화가 끝난 후 15초의 휴식 시간이 주어지며, 그 후 대화를 다시 듣고 답변을 완성하게 됩니다. 먼저 질문을 읽어 보세요.
4.5점

각 대화와 상황을 연결해 보세요. 각 상황마다 <어디입니까?> 또는 <무엇을 요구합니까?> 혹은 <누가 말합니까?>에 맞는 곳에 x 표를 해 보세요.
각 1.5점

Situation n°1

- Bonjour, je voudrais acheter un billet de train, s'il vous plaît.
- C'est pour quand ?
- Pour le 13 juin.
- Un instant, s'il vous plaît.

Situation n°2

- Trois baguettes, s'il vous plaît.
- Et avec ceci, madame ?
- C'est tout, merci. Ça coûte combien ?

Situation n°3

Bonjour ! Ici, Madame Michel de l'agence immobilière. Nous avons un studio juste à côté de votre fac. Téléphonez-nous vers 13 h au 01 40 55 80 90. Merci, au revoir !

상황 n°1

– 안녕하세요, 기차표 1장을 사려고 합니다.
– 언제입니까?
– 6월 13일입니다.
– 잠시만 기다려 주세요.

상황 n°2

– 바게트 3개 주세요.

– 또 다른 것은 없으신가요, 부인?

– 이것이 다예요, 고맙습니다. 얼마예요?

상황 n°3

안녕하세요! 여기는 부동산 중개소의 미셸 부인입니다. 당신의 대학 바로 옆에 스튜디오가 나왔습니다. 13시경에 01 40 55 80 90번으로 전화 주십시오. 감사합니다. 안녕히 계세요.

상황 1

어디입니까?	
호텔에서	
역에서	X
관광 안내소에서	
시청에서	

상황 2

무엇을 요구합니까?	
가격	X
표	
장소	
날짜	

상황 3

누가 말합니까?	
부모님	
2명의 친구	
학생	
부동산 사무소 여자 직원	X

파트2 독해 평가 25점

본문 231p

Exercice 1 당신은 파트너에게 메일을 보내고, 다음의 답변을 받습니다.   6점

발신자: 셀린느 파르테 [celine.partez@mail.fr]
수신자: 수미 김 [soumi.kim@mail.fr]
제목: [자동응답] 휴가

안녕하세요,
저는 8월 16일까지 사무실에 없을 예정입니다. 돌아와서 기꺼이 답변드리겠습니다.
아시아 부서 관련 문의는 고메즈 부인에게 연락하십시오: carole.gomez@mail.fr
북미 부서 관련 문의는 게랑 씨에게 연락하십시오: mathis.guerand@mail.fr
행정 관련 모든 문의는 보세즈 씨에게 연락하시면 됩니다: nicolas.bocez@mail.fr
양해해 주셔서 감사합니다.

다음의 질문에 답해 보세요.

1. 이 이메일의 수신인은 누구입니까?
   ☐ 셀린느 파르테
   ■ 수미 김
   ☐ 카로르 고메

2. 이 이메일은 ⋯ 알립니다.
   ☐ 한 직원의 퇴사를
   ■ 한 직원의 부재를
   ☐ 보직 변경을

Exercice 2 당신의 아이가 학교에서 온 이 메시지를 당신에게 전해줍니다. 6점

2024년 학교 축제
정세리유 학교

학생들과 학교 교육팀은 학교 축제에 당신을 초대하게 되어 기쁩니다!

데 제꼴리에 거리 시청의 파티실에서

14시부터 학생들 공연

15시 30분부터 놀이/게임 시작

16시, 학교에서 제공하는 식전주 및 칵테일

18시, 축제 마무리

다음의 질문에 답해 보세요.

1. 이 메시지는 … 알립니다.
   ☐ 음악 페스티벌을
   ■ 학교 축제를
   ☐ 생일 파티를

2. 축제는 어디서 열립니까?
   ☐ 학교에서
   ■ 파티실에서
   ☐ 모른다.

3. 누가 초대자들에게 식전주와 칵테일을 제공합니까?
   ☐ 학부모들
   ■ 학교
   ☐ 학생들 협회

Exercice 3 지금은 21시 20분입니다. 당신은 TV 프로그램을 보고 있습니다. 7점

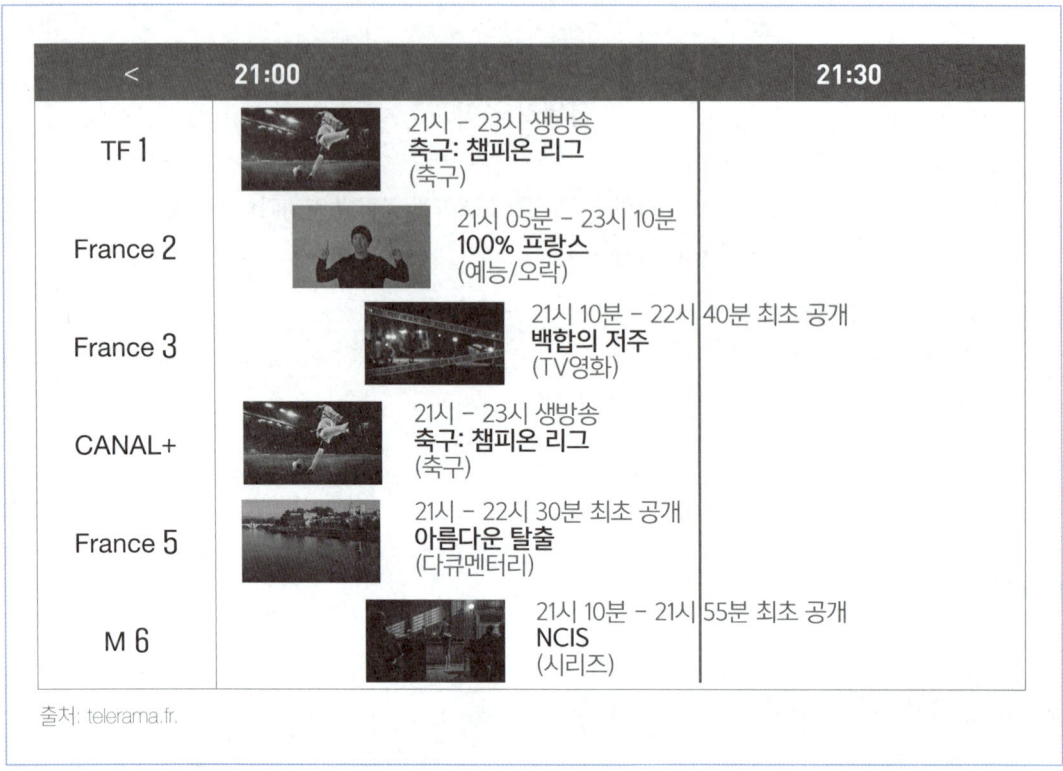

다음의 질문에 답해 보세요.

1. 생방송 프로그램은 무엇입니까?

   ■ 축구　　　　☐ 100% 프랑스　　　　☐ 아름다운 탈출

2. 100% 프랑스는 어떤 종류의 프로그램입니까?

   ■ 예능/오락　　☐ 뉴스　　　　　　　☐ 정보성 프로그램

3. 어떤 프로그램이 21시부터 22시 30분까지 방영됩니까?

   ☐ NCIS　　　　☐ 100% 프랑스　　　　■ 아름다운 탈출

Exercice 4 당신은 우편함에서 이 편지를 받습니다. 6점

> 안녕하세요. 르콩뜨 씨,
>
> 저희는 파리12 구역의 CLC은행에 당신의 계좌가 계설되었음을 확인해 드리게 되어 기쁩니다. 저희 고객이 되신 것을 환영합니다. 당신은 7일 이내에 은행카드를 받게 되실 것입니다.
>
> 귀하의 지점은 화요일부터 금요일은 10시-19시까지, 토요일은 10시-13시까지 영업을 하고 있음을 다시 한 번 알려드립니다. 참고로, 저희 은행점은 방키에 거리 20번지에 위치해 있습니다. <모네> 역 1번 출구에서 사거리까지 직진하십시오. 우회전하신 후, 2번째 길에서 다시 우회전하세요.
>
> 문의 사항이 있으시면 01 29 39 49 59번으로 연락주십시오.
>
> 진심으로
> 세르비스 부인

다음의 질문에 답해 보세요.

1. 이 편지는 무엇을 알립니까?
   - ■ 계좌 계설
   - ☐ 은행점 계점
   - ☐ 계좌 변경
   - ☐ 계좌 해지

2. 언제 당신은 은행카드를 받게 됩니까?
   - ■ 지금으로부터 7일 이내에
   - ☐ 지금으로부터 10일 이내에
   - ☐ 2주 후
   - ☐ 알 수 없음

3. 방키에 거리는 어디입니까?
   - ☐ Ⓐ
   - ☐ Ⓑ
   - ☐ Ⓒ
   - ■ Ⓓ

파트3 작문 평가 25점

본문 237p

Exercice 1 당신은 청소년 교통카드를 신청합니다. 다음 가입 신청서를 작성해 보세요. 4.5점, 각 1점

가입 신청서
<청소년 카드>
12~25세를 위한 교통카드

Civilité 호칭:	■ Monsieur 남자 ☐ Madame 여자
Nom 성: Dupont	
Prénom 이름: Martin	
Date de naissance 생년월일: 10/01/2003	
Adresse 주소: 5 avenue des champs	
Code postal 우편번호: 75000	
Ville 도시: Paris	
Téléphone portable 핸드폰 번호: 07 00 01 02 03	
E-mail 이메일: martin.dupont@mail.fr	
■ 이 칸에 체크하면, 파리의 대중교통 회사들로부터 이메일을 통해 광고 및 정보를 수신합니다.	
Date 날짜: 01/09/24	
Signature 서명: *martin*	

Exercice 2 당신은 당신의 프랑스 친구와 산으로 바캉스를 떠나고 싶습니다. 그(그녀)를 초대하고 그(그녀)에게 함께 할 수 있는 활동을 소개하는 편지를 써 보세요. [40-50단어]

15점

Bonjour Louis,

As-tu un plan pour tes prochaines vacances ? Je vais aller à la montagne.

Est-ce que tu veux venir avec moi ?

Si on fait du camping ensemble, ça va être vraiment amusant !

On peut faire une randonnée à pied ou en vélo.

Les paysages vont être magnifiques !

J'espère que tu viendras avec moi, on va passer un moment bien sympa.

J'attends ta réponse.

Eric

루이 안녕,

다음 바캉스에 계획이 있니? 나는 산으로 갈 거야. 너도 나와 함께 갈래?

우리가 함께 캠핑을 한다면 너무 즐거울 거야!

걸어서 혹은 자전거로 하이킹을 함께 할 수도 있어.

풍경이 정말 멋실 거야!

네가 나와 함께 가길 바랄게, 우린 정말 멋진 시간을 보낼 거야.

너의 답변을 기다릴게.

에릭

파트4 구술 평가 25점 T-06   본문 239p

평가는 세 파트로 진행됩니다: 인터뷰, 정보 교환, 시뮬레이션 대화 (또는 역할극). 평가는 5~7분간 진행됩니다. 파트 2와 3(정보 교환과 시뮬레이션 대화)을 준비하는 데 10분의 시간이 주어집니다.

시험관 질문에 답하기 당신의 취향이나 활동에 관한 시험관의 질문에 답해 보세요. (약 1분)

Q: Que faites-vous le week-end ? 주말에 무엇을 하세요?

> Dimanche matin, je me lève tard vers 9 heures et demie. D'abord je prends une douche. Ensuite, je me prépare pour le petit déjeuner et je mange en lisant les nouvelles sur mon smartphone. Après, je nettoie la maison en écoutant de la musique. Vers 15 h, je vais au marché pour acheter à manger. Ensuite je vais au club de sport pour le cours de fitness de 18 heures à 19 heures. De retour à la maison, je passe un moment sur internet. Après le dîner, je me promène avec mon chien dans le parc à côté de chez moi. Ensuite, s'il y a un bon film á la télévision, je le regarde, sinon je me couche.

일요일 아침에, 9시 30분쯤 늦게 일어납니다. 우선 샤워를 합니다. 그런 다음, 아침식사를 준비하고, 스마트폰으로 뉴스를 읽으면서 아침을 먹습니다. 그런 다음 음악을 들으면서 집을 청소합니다. 15시경에 음식을 사러 시장에 갑니다. 그 후 18시부터 19시까지 스포츠센터에 가서 피트니스 수업을 듣습니다. 집에 돌아와서 인터넷을 하며 시간을 보냅니다. 저녁식사 후에는 집 근처 공원에서 강아지와 산책을 합니다. 그리고 텔레비전에서 좋은 영화가 있으면 보고, 그렇지 않으면 잠자리에 듭니다.

정보 교환하기   다음 제시된 단어를 보고 시험관에게 질문을 하세요. (약 2분)

| 공부하다? | 읽다? | 고기? |
| 매일? | 집? | 운전면허증? |

- Qu'est-ce que vous étudiez à l'université ?

- Avez-vous beaucoup de temps pour lire des romans ?

- Combien de fois prenez-vous de la viande par semaine ?

- Vous faites du sport tous les jours ?

- Est-ce que vous aimez rester à la maison ?

- Quand avez-vous obtenu le permis de conduire ?

― 당신은 대학에서 무엇을 공부하세요?

― 당신은 소설을 읽을 시간이 많으세요?

― 일주일에 몇 번이나 고기를 먹으세요?

― 당신은 매일 운동하세요?

― 집에서 머무는 것을 좋아하세요?

― 당신은 운전면허를 언제 땄습니까?

시뮬레이션 대화 다음 상황을 시뮬레이션합니다. 당신은 고객이고 시험관은 접수원입니다.
(약 2분)

당신은 파리를 방문하기 위해 비행기를 타고 싶어 합니다.
티켓을 예약하기 위해 대리점에 갑니다.

A: Examinateur(trice), B: Candidat(e)

A: Bonjour, asseyez-vous. Qu'est-ce que vous désirez ?

B: Merci. J'aimerais réserver un billet aller-retour pour Séoul-Paris.

A: Quand voulez-vous partir ?

B: Le 20 juillet.

A: D'accord. Et quand voulez-vous revenir ?

B: Un mois plus tard.

A: Oui, voulez-vous un billet première classe ou classe économique ?

B: Classe économique, s'il vous plaît. Combien ça coûte ?

A: Pour un aller-retour, ça fera 700 euros.

B: D'accord. Je vais le prendre.

A: Très bien. Je vous fais la réservation.

　Vous aurez le vol Air France 901 à 14 h 30.

B: Merci. Puis-je payer par carte de crédit ?

A: Bien sûr.

B: Et puis-je changer la date de retour ?

A: Oui. Votre billet est valable pendant 1 an.

B: Merci. Au revoir.

A: 심사위원, B: 응시자

A: 안녕하세요. 자리에 앉으세요. 무엇을 원하시나요?

B: 감사합니다. 서울에서 파리까지 왕복 항공권을 예약하고 싶습니다.

A: 언제 떠나기를 원하세요?

B: 7월 20일이에요.

A: 알겠습니다. 그리고 언제 돌아오길 원하시나요?

B: 한 달 뒤에요.

A: 네, 일등석을 원하시나요, 아니면 이코노미석을 원하시나요?

B: 이코노미석이요. 얼마인가요?

A: 왕복 요금은 700유로입니다.

B: 알겠습니다. 그것으로 할게요.

A: 좋습니다. 제가 예약해 드리겠습니다.
    14시 30분에 에어프랑스 901편이 있을 예정입니다.

B: 감사합니다. 카드로 결제할 수 있나요?

A: 물론이죠.

B: 그런데 귀국 날짜를 변경할 수 있나요?

A: 네. 귀하의 티켓은 1년 동안 유효합니다.

B: 감사합니다. 안녕히 계세요

청취·독해·작문·구술 평가 집중 훈련

실전 TEST로 마무리

1. 델프 신(新) 유형 완벽 반영
2. 상황별, 유형별로 집중 훈련하는 구성
3. 한눈에 보이는 주제별 참고 어휘 및 주요 표현
4. 구술 평가 대비 문항 대폭 강화
5. 〈정답 및 해석〉을 별책으로 구성
6. 실제 시험과 유사한 문제 & 녹음으로 실전 완벽 대비
7. 마무리 정리를 위한 〈실전 TEST〉 3회분 수록
8. 학습 편의성을 위한 음원 QR 무료 제공